아산재단 연구총서 제474집

한국 이민자 복지정책 연구

한국 이민자 복지정책 연구

This Edition was published by Jipmoondang in 2021, Seoul, Korea.

아산재단 연구총서 제474집

한국 이민자 복지정책 연구

김안나

집문당

김안나(金안나) 서강대학교 사회학과 졸업
독일 만하임대학교 사회학 박사
현재 대구가톨릭대학교 사회복지학과 교수

아산재단 연구총서 제474집

한국 이민자 복지정책 연구

2021년 12월 10일 1판 1쇄

저자 | 김안나
발행인 | 임동규
발행처 | **(주)집문당**
등록 | 1971. 3. 23. 제2012-000069호
주소 | 03134 서울시 종로구 돈화문로 82, 5층
전화 | +82-1811-7567
이메일 | sale@jipmoon.com
홈페이지 | www.jipmoon.com

ISBN 978-89-303-1919-5 94330
978-89-303-1500-5(세트)

가격 13,000원

머리말

체류 외국인 200만 명의 시대, 다양한 국적과 문화적 배경을 지닌 이주민들과 조화롭게 공존하고 우리사회의 지속가능한 미래를 위해 합리적이고 효과적인 이민자 복지정책이 시급히 필요한 시점이다. 한 지자체의 지역행사로 시작된 농촌지역의 미혼남성들과 조선족(朝鮮族) 여성들과의 결혼사업은 지역과 대상 면에서 급속히 확대되어 1991년 1.2%에 불과하던 국제결혼 비율이 2019년에는 혼인 부부 열쌍 중 한쌍에 이르게 되었다. 이들 결혼이주여성들은 한국인의 자녀를 출산하고 한국에 정주(定住)하게 되면서 정부 주도 이민자 정책에 핵심 대상이 되어왔다. 반면, 노동력 부족 문제를 해결하기 위해 적극적으로 수용한 외국인 근로자와 외국인 유학생, 난민 등은 이민자 정책의 관심에서 상대적으로 소외되어 왔다.

본 연구는 우리사회의 지속가능한 발전을 위해 필수적으로 논의되어야 할 주제의 하나인 이민자 사회통합의 방안으로 이민자 복지정책에 관해 다각도로 분석한 연구결과들을 종합하고 있다. 사회통합을 사회구성원들이 해당 사회의 다양한 영역에서 배제되지(excluded) 않은 상태로 정의한다면, 한 국가의 사회통합정책은 적어도 이들이 사회 영역에서 배제되지 않도록 제도적으로 보장하는 것이 되어야 할 것이다. 이러한 제도적 보장의 가장 기초적인 형태로는 국가의 사회복지정책을 들 수 있다. 우리사회는 국민들의 사회통합을 위해 이들의 최저생활을 보장하고 건강, 교육, 주거, 노동 등 다양한 영역에서 기본적인 생활과 인간으로서 존엄성을 유지할 수 있도록 제도적으로

보장하고 있다. 그렇다면 한국사회 구성원의 일원으로 우리사회의 지속가능성에 기여하고 있는 이민자의 복지정책은 어떠한 원칙과 기준을 가지고 운영되어야 할 것인가? 필자는 이민자 복지정책은 한 사회에 새롭게 이주한 구성원에 대한 시혜적 자선의 관점이 아니라, 이들이 해당 사회의 시민으로서 향유해야 하는 마땅한 권리인 사회권(social right)의 관점에 바탕해야 한다고 주장한다. 이는 우리나라의 국익과 한국사회의 지속가능한 발전 관점에서 엄격한 심사와 기준을 통해 체류자격을 부여받은 이주민에 대해 내국인 대비 차별적인 대우를 완화함으로써 이민자 복지정책의 내실화를 추구하는 것을 의미한다.

이를 위해 본 연구에서는 기술적(technical) 개념으로 사회적 포용(social inclusion) 개념을 적용할 것을 제안한다. 사회적 포용이란 다양한 사회·경제적 차원에서 최소한의 생활 조건이나 욕구가 결핍되는 사회적 배제(social exclusion)의 반대 개념으로, 갈등과 분열의 감소를 통해 배제적 상황을 예방하는 데 초점을 둔다. 사회적 포용 개념을 이민자에 적용한다는 것은 한국사회의 새로운 구성원으로 유입된 이민자들의 삶의 가치를 실현하기 위해 한국 사회복지 제도의 적용범위에서 배제된 영역을 파악하고 정책적·제도적으로 포용하고자 하는 접근을 의미한다.

이를 경험적으로 분석하기 위해 본 연구에서는 우리사회 체류 외국인 중 사회·경제적 의미가 큰 대상인 결혼이민자, 외국국적동포를 포함한 외국인 근로자, 그리고 영주권자에 대한 이민자 집단별 실태분석을 시행한다. 다양한 이주민 집단에 대한 실태분석은 이주민의 실질적 욕구를 파악함과 동시에 현재 시행되고 있는 이민자 정책의 적실성, 즉 이들 정책들이 얼마나 이민자들의 필요와 욕구를 충족하고 있는지에 대한 평가의 기초자료로 활용될 수 있다. 아울러 본 연구에서는 사회통합의 핵심이 되는 사회권 보장을 위한 제도적 접근에 기초하여 다양한 이민의 역사를 가지고 있는 해외 국가들의 이민자 관련 사회복지정책을 비교·분석한다.

이를 바탕으로 본 연구에서는 이민자 사회통합을 위한 이민자 복지정책의 단계적 접근을 제안하고자 한다. 이는 단기적으로는 내국인과 외국인이 더불어 조화롭게 살아가는 환경조성을 위해 이민자들이 빈곤, 건강, 주거의 결핍으로 인해 사회적으로 배제되지 않도록 이들의 최저생활을 보장하는 사회적 포용 정책을 시행하고, 장기적으로는 내국인과 외국인이 함께 살아가기 위한 전방위(全方位) 사회통합 정책으로써 이민자 고용 및 교육의 확대, 이민자들의 지역사회참여 제고, 나아가 이민자 친화적인 사회환경 조성 등 이민자 복지정책을 포괄적으로 확대해 나가는 것을 의미한다. 이민자 복지정책은 먼저 이론적으로 대상자 중심의 사회복지정책에서 욕구 중심의 보편적 복지정책으로 전환되어야 할 필요가 있다. 즉 현재와 같이 정책대상자별로 차별적으로 수행됨으로써 정치적 이해관계에 따라 일관성이 결여되는 방식이 아니라, 제도 내에서 대상자의 욕구에 따라 보편적으로 적용되는 이민자 복지정책이 되는 것이 필요하다. 실천적인 이민자 복지정책 수행을 위해서는 이민자 그룹에 대한 사회적 포용 정책을 필두로 사회복지정책의 대상과 영역 면에서 단계적 접근이 필요하며, 이는 시급성에 기초한 단계적 적용범위의 확대를 의미한다. 이민자 사회복지정책의 적용 범위에 대한 논의는 국익, 이민자의 인권, 시민권, 사회권 등의 논의와 맞물려 있는 상황으로 이민자의 체류자격, 한국 국적 취득여부 등 자격조건에 따라 제도와 연동하여 장기적으로 논의되어야 할 대상이다. 따라서 본 연구에서는 이론적인 적용 범위 논의에 집중하기보다 이민자의 인권 차원에서 시급히 배제된 영역부터 사회복지정책을 실시할 것을 제안한다. 예를 들어 위기 상황에 처한 이민자를 대상으로 긴급복지지원서비스 등 위기극복을 위한 사회서비스에의 접근을 확대하는 것이 보다 시급히 요구된다. 또한 이민자 주거권의 보장을 위해 영주권자를 중심으로 가구 소득수준 등을 고려하여 우선적으로 공공임대주택 입주 자격을 확대하는 방안도 고려해 볼 수 있다. 외국인 숙소와 생활시설에 대한 시설 정기점검 및 시설 개보수사업을 지역사회 내 자활센터 등과 연계하여 실시하게 된다면 지역사회와 외국인 이주민 간의 소통증대 효과도 기대할 수 있을 것이다.

한국사회를 다민족·다문화사회라 규정하는 것은 이제 새로운 이슈가 아니다. 따라서 다양한 이민자 집단에 대한 고려와 이민자의 초기 정착지원에서 벗어나 장기거주, 정주 등 이민자의 정착주기를 고려한 이민자 사회복지정책으로의 전환이 필요하다. 이는 결혼이민자 중심의 소극적 복지정책을 넘어 다양한 외국인의 욕구와 정책수요에 대응하는 사회통합정책으로 이민자 사회복지정책이 전환되어야 함을 의미한다. 이주민의 유입이 꾸준히 증가하는 현실과 대한민국의 향상된 국격(國格)을 고려할 때, 이제는 한국사회의 당당한 한 구성원으로서 외국인 이주민들이 그 가치를 실현할 수 있도록 이민자 사회복지정책의 실질적 내실화를 추구해야 할 시점이다. 필자는 본 연구가 이러한 변화에 조금이나마 보탬이 될 수 있기를 희망한다.

이 책은 그동안 진행해 온 여러 국내 학자들과의 공동연구 작업을 기반으로 작성될 수 있었다. 한국사회의 다양성과 통합, 체류외국인에 대한 사회복지정책 국제비교연구 등 자료의 수집과 해외 사례의 시사점을 도출하는 데 큰 도움을 주신 정기선, 김미숙, 이정우, 정용문, 양만재, 최승아 선생님들께 감사드린다. 여러 면에서 부족한 필자의 연구결과들을 출판할 수 있는 기회를 제공하고 지원을 아끼지 않은 아산사회복지재단과 책의 출간을 위해 지속적인 도움을 주신 집문당 편집부 여러분들께 깊은 감사의 말씀을 드린다. 항상 올바른 가르침으로 삶의 버팀목이 되어주시는 부모님의 건강과 행복을 기원하며 두 분께 이 책을 바친다.

2021년 10월

김안나

| 차 례 |

• 제1장 •

서 론

• 제2장 •

이민자 정책의 이론적 배경

• 제3장 •

한국 이민자 관련법 및 체류자격제도

• 제4장 •

이민자 실태 및 욕구 분석

• 제5장 •

이민자 사회복지정책 국제비교

• 제6장 •

한국 이민자 복지정책의 쟁점과 과제

| 표/그림 차례 |

제1장

서 론

제1장 서론

제1절 연구목적 및 배경

전 세계적으로 지구화(globalization)가 진행되고 있는 가운데 국내로 유입되는 외국인 이주자의 수 또한 급증하고 있다. 1990년대 들어 시작된 외국인 노동자의 본격적 유입과 2000년 이후 국제 결혼이주민의 급격한 증가 등으로 2019년 12월 한국사회는 체류 외국인 252.5만 명, 결혼이민자 16.6만 명의 시대를 맞이하고 있다(법무부, 2020a). 이러한 변화로 인해 순수혈통주의와 단일문화주의를 주창하던 한국 사회는 다민족·다문화 사회의 대두라는 현실에 직면하게 되었고 이로 인한 새로운 사회 문제에 대한 해결방안을 고민하게 되었다.

사실 한국 사회에서 다문화주의 논쟁과 이민자 정책에 대한 고민이 본격적으로 시작된 것은 결혼을 통해 새로이 우리 사회에 정착한 외국인 결혼이주여성의 증가에 기인한 바 크다. 1980년 후반부터 외국인 노동자가 한국 사회에 들어오기 시작하였으나 법적 지위상 일정 기간이 지나면 본국으로 돌아가야 하는 귀환노동자에 해당하므로 외국인 노동자 문제는 주로 인권침해나 노동시장 내 차별의 차원에서 다루어졌다(오경석, 2007). 반면 한국인 배우자와 가족을 이루며 한국에서 살아가야 할 결혼이민자의 경우, 본국으로의 귀환을 전제로 하는 외국인 근로자와는 달리 한국사회 정착과 통합의 다양한 사회적 과제가 도출되었고 이를 해결하기 위해 사회통합의 관점이 부각되었다(빈부격차 · 차별시정위원회, 2006).

우리나라의 국제결혼 양상을 보면 1970년대까지는 주로 미군의 국내 주둔으로 인한 미군과 한국여성의 결혼이 주류를 형성하였다. 이후 우리나라의 경제성장이 본격화됨에 따라 한국에 진출하는 외국기업과 해외로 진출하는 한국인이 점차 늘어나면서 1980년대 이후에는 국제결혼의 형태가 다양화되어 왔다. 한편, 빠른 경제성장으로 인한 농촌인구의 급격한 도시 유입, 도농 간의 격차 증가는 농촌인구의 심각한 불균형을 초래하였고 1990년대에 이 문제를 해결하기 위한 한 방안으로 실시한 '농촌 총각 장가 보내기 운동'은 한국인 남성과 외국인 여성의 국제결혼 증가를 촉발하는 시발점이 되었다(김현미 2016). 1991년 1.2%에 불과하던 전체 혼인 중 국제결혼의 비중은 점차 증가하여 2005년 13%를 넘어 최대치를 보이고 난 후 점차 감소하여 2016년 7.3%를 차지하고 있으며 이들 국제결혼 중 약 72%가 외국인 여성과 한국인 남성의 혼인으로 집계되고 있다(Kim, 2018a).

여기에 한국사회에서의 이주민 관련 다문화주의 논쟁이 가지는 한계가 드러난다. 이주민 사회통합정책의 대표 이론으로 분류되는 다문화주의는 평등에 기초한 사회통합을 의미하지만 한 사회 내에 존재하는 문화의 서로 다른 차이와 독자성을 인정하면서 각 집단의 고유한 전통을 보존하고 문화적 순수성을 유지하고자 한다(이혜경, 2016; 최명민 외, 2015; 최현미 외, 2010). 그러나 한국사회의 다문화주의 논쟁은 이주민의 문화적 다양성에 대한 이해의 필요성에 의해 촉발되었다기보다는 저출산 · 고령화 사회에 직면한 한국사회의 가족 위기와 특정

산업영역에서 발생한 노동력 위기의 탈출구로써 외국인 이주민의 유입을 독려한 결과에 대한 대응 측면이 강하였고 국가의 다문화 정책 또한 이러한 이해관계에 기반하여 구성되었다고 볼 수 있다. 즉 한국 사회에서 가장 활발한 이주민 사회통합정책의 대상이 되는 결혼이주여성들의 경우 해체위기에 몰린 농촌 지역의 가족 유지와 해당 지역의 대체 노동력으로서의 역할이 우선적으로 강조되는 반면 이들의 문화와 정체성 보존을 위한 진정한 의미의 이주민 사회통합정책은 구체화되지 못한 실정이다(Kim, 2018a). 한편, 외국인 근로자의 경우 한국 사회의 경제생산 전반에서 상당한 역할을 수행함에도 불구하고 국가의 이민정책과 이주민 사회통합 논의에서 상대적으로 배제되고 있어 향후 국가경쟁력 강화를 위한 외국인력의 활용 측면에서도 더 적극적으로 고려되어야 할 부분이 존재한다. 또한, 한국의 경제발전과 국제사회에서의 지위 향상으로 인해 외국 국적 동포들의 재입국이 빠르게 진행되고 있는데, 재외동포(F-4)를 포함한 국내 체류 외국 국적 동포는 2019년 약 87.8만 명으로(법무부, 2020a) 가장 큰 이주민 집단을 형성하면서 장기체류가 증가하고 있으나 이들에 대한 국가의 적극적 포용과 동포에 대한 통합정책은 소극적 지원에 그치고 있다.

이제 한국은 해외 이주를 보내는 송출국에서 다양한 외국인력이 지속해서 들어오는 이민 유입국으로 그 위상이 급격히 변화하고 있으며 이로 인해 이주민들과의 조화로운 공존과 원활한 사회통합을 위해 합리적이고 지속 가능한 이민자 복지정책을 필요로 하고 있다. 결혼이민자의 경우 사회적 소수자이며 한국 사회에 거주와 정주를 목적으로 입국한 경우로, 적응 여부에 따라 상대적으로 취약계층으로 남을 가능성이 커 사회적 관심이 우선으로 필요한 대상이다. 이에 정부는 결혼이민자를 포함한 다문화가족을 대상으로 한국어 교육, 육아 및 자녀교육, 직업 및 취업훈련과 정보제공, 의료지원 등 여러 분야의 서비스를 제공해 왔으나, 충분한 사회적 논의와 합의 하에 수행되기 보다는 여러 부처의 병렬적 사업 수행을 통해 긴급하게 진행되어 전달체계의 비효율, 사업 및 서비스의 중복 등 운영상의 비효율을 노정하게 되었다(Kim, 2016). 또한, 한국사회에서 주요한 역할을 차지하고 있음에도 불구하고 이민정책의 주요 대상에서 배제되고 있는 외국인 근로자와 영주권자에 대한 사회적 차원의 고려와 정책적 실행이 필요한 시점이다.

이에 본 연구는 이민정책의 이론적 배경을 리뷰하고 한국사회 내 증가하고 있는 다양한 이민자집단에 대한 실태 분석을 통해 이들의 사회통합을 위한 이민자 복지정책을 살펴보고자 한다. 이민자 집단에 대한 실태분석에서는 이들에 대한 기본적인 현황 파악을 넘어서 이들의 욕구에 대한 분석을 시도함으로써 현재 진행되고 있는 이민자 대상 정책들이 이러한 욕구에 적절히 대응하고 있는지에 대해서도 분석하고자 한다. 또한 전통적으로 이민의 역사가 축적된 국가들이나 우리와 유사성을 지닌 국가들의 이민정책 및 외국인 관련 복지정책들을 비교·분석함으로써, 현재 한국의 이민자 지원정책들을 평가하고 이를 통한 문제점과 개선방안들을 살펴보고자 한다. 따라서 본 연구에서는 다문화사회의 도래를 맞고 있는 한국의 이민자 복지정책이 이민자 사회통합을 위해 어떠한 방향으로 추진되어야 하는지를 다양한 이민자 실태조사를 사용하여 다각적으로 분석하고, 특히 이민자 관련 사회복지정책들을 국제비교 분석함으로써 해외 사례를 통한 한국 이민자 복지정책의 시사점과 나아가 한국사회 통합정책으로써 이민자 복지정책의 과제들을 제시하고자 한다. 이를 통해 지속적으로 필요성이 제기되고 있는 사회통합 관점에서의 한국 이민자 정책 논의에 대한 다양한 경험적 기초자료를 제시할 뿐만 아니라 다문화 시대 한국 이민정책의 적절성과 효과성에 대해 살펴보는 계기가 될 수 있기를 기대한다.

제2절 연구의 범위 및 분석자료 소개

우리나라에 체류하고 있는 외국인 이민자들은 다양하게 분류될 수 있다. 법무부에서는 체류 외국인을 외국 국적 동포, 외국인 근로자, 국민의 배우자(결혼이민자), 외국인 유학생, 난민, 불법체류자 등 체류 자격으로 이들을 분류하고 있다(법무부, 2020a). 우리나라 외국인 이민자 관련 복지정책을 살펴보면, 관련 서비스와 정책들은 한국인의 외국인 배우자인 결혼이민자 및 이들을 포함한 다문화가족에 집중되어 있다(김안나, 2012; Kim, 2016). 반면, 외국인 근로자의 경우 상대적으로 이러한 외국인 대상 사회서비스 및 정책에서 배제되어 있는 상황이다. 또한, 방문취업제 등을 통해 국내로 유입되는 외국 국적 해외동포의 경우 이민자의 다수를 차지하고 있어 보다 적극적인 정책대상으로 이들에 관한 관심의 증가가 필요한 상황이다. 이에 본 연구의 제2장에서는 먼저 이민자 통합정책에 대한 이론적 검토와 이민자 사회통합에 관한 선행연구들을 고찰하고 한국사회 이민자의 개념 및 현황에 대해 개괄하고자 한다. 제3장에서는 한국의 이민자와 관련된 대표적 법률 및 외국인 체류자격제도를 고찰하고 외국인에게 영구적으로 혹은 장기적으로 체류의 자격을 부여하는 영주권과 귀화제도에 대해 살펴본다. 제4장에서는 우리사회 체류 외국인 중 사회·경제적 의미가 큰 대상인 결혼이민자, 외국 국적 동포를 포함한 외국인 근로자, 영주권자 등을 중심으로 이민자의 욕구와 정책 수요 간의 평가를 위해 이민자 집단별 실태분석을 실시한다. 다양한 이주민 집단에 대한 실태분석은 이주민의 실질적 욕구와 현재 진행되고 있는 국가정책의 관계에서 얼마나 해당 정책들이 이민자의 필요를 충족하고 있는지에 대한 정책의 적실성 평가의 기초자료가 될 수 있을 것이다. 제5장에서는 이민의 다양한 역사를 가지고 있는 해외 국가들을 대상으로 이민자 사회통합의 핵심이 되는 사회권 보장을 위한 제도적 접근으로써 이민자 복지정책을 국제비교 분석한다. 사회복지정책을 공공부조, 사회보험 및 기타 사회서비스로 구분하여 미국, 호주, 독일, 일본 등 해당 국가별 관련법과 세부 정책 내용에 대해 이민자 집단별로 한국과 비교·분석하면서 우리사회에서의 시사점을 도출하고자 한다. 위의 결과들을 토대로 제6장에서는 이민자 사회통합을 위한 한국 이민자 복지정책의 쟁점과 과제에 대해 논의하고자 한다.

본 연구에서는 이민 정책대상자인 이민자의 욕구와 정책 수요 간의 평가를 위해 이민자 집단별 실태분석을 시도한다. 이를 위해 앞서 언급한 결혼이민자, 외국인 근로자, 영주권자에 대해 기존에 조사된 대표적 서베이 자료를 바탕으로 이차자료분석(secondary data analysis)을 실시한다. 먼저 결혼이민자 실태 및 욕구 분석을 위해서는 「다문화가족지원법」에 근거하여 처음으로 실시된 「전국 다문화가족 실태조사」의 원자료를 분석하였다. 해당 조사는 행정안전부의 다문화가족기초현황자료를 활용하여 전국적으로 실시한 첫 전수조사이다[1](김승권

1) 본 조사는 2009년 7월부터 10월까지 2차에 걸쳐 보건복지가족부, 법무부, 여성부 3개 부처 합동으로 다문화 131,702가구를 대상으로 전수조사로 시행되었다. 조사 완료된 가구는 73,669가구로 조사 완료율 55.9%를 보인다(김승권 외,

외, 2010). 본 조사는 한국 내 거주하고 있는 다문화가족에 대해 실시한 첫 전수조사로써 다문화가족의 생활실태뿐만 아니라 이들의 경제 · 사회 · 문화적 복지 욕구 등 다양한 영역에서 다문화가족과 결혼이주여성의 실태 및 욕구를 파악할 수 있는 귀중한 자료라 할 수 있다. 다만 해당 조사 시점이 경과되어 결혼이주민에 관한 보다 최신 자료의 필요성이 제기되므로 본 연구에서는 통계청의 「2019년 이민자 체류실태 및 고용조사」를 함께 비교 · 분석하였다. 이민자 체류실태 및 고용조사는 한국에 거주하는 외국인과 귀화허가자의 한국 생활실태 및 취업과 실업 현황 등을 파악하고자 조사된 자료로 이민자 관련 사회통합정책의 기초자료로 활용되고 있다(통계청, 2019).

외국인 근로자의 경우 2015년 대구가톨릭대학교 사회통합연구소에서 실시한 외국인 근로자 실태조사를 사용하였다(김안나 · 최승아, 2017). 해당 조사의 경우 조사원이 직접 방문하여 외국인 근로자들을 면접조사한 자료로 외국인 근로자들에 대한 상세한 직업 이력과 자격증, 고용형태 등 다양한 사회 · 경제적 배경 및 현황에 대한 정보를 포함하고 있다. 본 조사는 베트남, 인도네시아, 캄보디아, 필리핀 등 다양한 송출국가에서 입국한 고용허가제 외국인 근로자와 방문취업사증을 받고 국내에 취업하고 있거나 구직 중인 중국동포를 대상으로 한 조사로 외국인 근로자와 방문취업동포에 대한 실태 및 욕구에 대해 상세한 정보를 살펴볼 수 있는 유용한 자료이다.

영주권자에 대해서는 2016년 실시한 외국인고용조사를 활용하였다(통계청, 2016). 본 조사는 국내 체류 외국인에 대한 전국 표본조사로

2010:108). 해당 조사는 다문화 가구를 대상으로 한 첫 전수조사로써 다문화가족 관련 방대한 정보를 포함하고 있어 실태 파악을 위한 기준 데이터로 분석에 사용하고자 한다.

만 15세 이상 외국인 11,000여 명에 대해 성, 학력 등 기초자료와 경제 활동상태를 조사한 자료로 체류 외국인의 노동과 고용현황에 대한 상세한 정보를 제공한다. 외국인 고용 관련 전체 조사대상자 중 영주권자는 총 764명으로 영주권자에 대한 분석은 해당 대상자들의 실태조사 원자료를 분석하였다. 실태조사는 영주권자의 사회인구학적 특성, 입국 및 영주권 취득과정, 가족 특성과 가족생활, 경제적 적응, 한국에서의 취업 경험 및 직장 생활, 가족의 사회경제적 지위와 생활환경 등 영주권자에 대한 상세한 실태 및 욕구에 대해 조사하고 있어, 본 연구에서 목표로 하는 이민 정책대상자의 욕구와 정책 수요 측정에 유용한 정보를 제공해 준다.

제2장

이민자 정책의 이론적 배경

제2장 이민자 정책의 이론적 배경

제1절 이민자 통합정책에 대한 이론적 검토

한국의 이민자 통합정책은 급속히 진행된 한국의 다문화 현상에 대한 정책적 대응으로 사회적 관심의 주요한 축이 된다. 다문화란 단일문화에 대비되는 다의적인 개념으로 동일한 혈통과 문화를 추구하던 단일문화에 다른 문화들이 통합되어 여러 문화가 공존하는 상태, 즉 성별, 종교, 직업, 계층, 인종 등에서 비롯되는 각 사회집단의 고유한 문화적 특성이 다양하게 존재하는 상태를 말한다(김범수 외, 2007, 최현미 외, 2010). 한국의 다문화 현상은 국내 노동시장의 해외시장 확장에 의한 노동의 수요 공급 문제, 국가 간 교류 활성화로 인한 다양한 출신의 외국인 유입, 북한 이탈주민의 유입, 노동의 해외 이주와 국제결혼 등을 통한 사회 내 새로운 계층의 형성 등으로 가시화되고 있다(송민애, 2008).

다문화사회란 일반적으로 다양한 문화적 배경을 가진 민족 집단들이 하나의 국가 혹은 지역사회에 함께 거주함으로써 형성되는 사회로 각 문화집단이 가지고 있는 문화적 특수성과 유사성을 동시에 경험하고 있는 사회라고 할 수 있다(함정현 외, 2008; 박기관, 2009). 이러한 다문화사회를 좁게 정의하면 자기와 타자의 관계가 성립되는 곳으로부터 존재하는 것으로 볼 수도 있으나 정치·철학적 관점에서 보면 한 사회 내에 존재하는 하위 사회집단 간 신념의 상대성을 동일하게 인정하고 존중해야 한다는 것을 의미한다(문경희, 2006).

이러한 다문화사회를 기반으로 다양한 사회적 영역에서 발생하는 사회문제를 해결하기 위한 정책을 다문화 정책이라 한다. 다문화 정책을 광의로 규정하면 비주류 혹은 소수집단의 차이에 대한 '제도적 보장'(Kymlicka, 1995; 원숙연, 2008)이라 할 수 있다. 반면 다문화 정책을 협의로 정의하면 특정 인종 집단의 차별을 방지하고 집단의 차이에 근거한 다양한 사회·정치적 갈등을 해소함으로써 인간으로서의 보편적인 권리를 향유하도록 하는 정책으로 정의할 수 있다(오경석, 2007; 원숙연, 2008; 최무현, 2008).

국제이민이란 한 국가의 국민이 국경을 넘어 실제 거주지를 다른 나라로 변경하는 것을 의미한다. 즉, 국제이민자는 본인의 실거주지를 다른 나라로 이동했다는 점에서 단순한 여행자와는 구분이 된다. 이민현상은 국가 간 국경을 넘는 현상으로 유입국의 정책에 따라 영향을 받지만, 결국은 전 세계의 이민정책이 확대와 통합의 방향으로 수렴되고 있으며, 이를 설명함에 있어 정치적 영향력을 더 강조하느냐, 혹은 국가 내 여러 제도와 행정조직의 영향력을 더 강조하느냐에 따라 정치경제학과 신제도주의로 유형화될 수 있다(이혜경, 2008). 마르크스(K. Marx)의 계급이론을 기초로 한 정치경제학적 설명은 계급 혹은 이해집단 간의 권력 게임과 국가의 정당 및 선거제도 등이 한 국가의 이민정책에 영향을 준다고 보는 것이다(Freeman, 1995; 신지원 2011). 즉 이민으로 인해 이익을 보는 이해집단 혹은 대중의 이민 정서를 이용하여 정치적 목적을 달성하고자 하는 정당 등이 집단의 이익을 위해 이민정책을 활용하는 것으로 이러한 이민정책은 정당들의 전체 선거전략과 맞물려 선택적으로 채택된다는 것이다(이혜경, 2008). 베버(Weber)의 관료제에 뿌리를 두고 있는 신제도주의의 설명에 따르면, 이민정책의 수립과 변화는 각 제도의 전문성에 기반한 각축 현상으로 설명된다(신지원, 2011). 신제도주의는 국가를 입법, 사법, 행정 등을 기반으로 한 다양한 제도로 이루어진 복합체로 이해하며 한 국가의 이민정책 수립에 있어 다양한 국가 기관들의 역할을 강조한다. 즉 이들은 입법기관, 행정부처, 사법기관 등의 주요한 제도들을 자율적인 행위 주체로 보며 제도들의 역할을 강조하고 이들 간의 역동적인 각축과 전문적인 규칙 및 논리가 한 국가의 이민정책에 영향을 준다고 본다(Hollifield, 1992; 이혜경, 2008). 결국, 정치경제학은 이해집단의 영향력이 강한 전통적 이민 국가인 미국 등에 적용할 수 있으며, 신제도주의는 유럽 등 후발 이민 국가들을 기초로 여러 제도 간의 역동성과 전문성 각축 그리고 각 부처와 제도 간의 자율성 및 정당성 추구라는 기능과 역할을 강조한다고 볼 수 있다. 유입국의 정책에 주요한 영향을 받는 이민정책을 고려할 때 위의 두 이론은 유입국을 모두 자유민주국가로 전제하고 있어 한 국가가 어떠한 이민정책을 수행하느냐는 국가의 성숙한 자유민주주의의 수준에 따라 다르게 설명될 수 있을 것이다.

이민자에 대한 포용과 공존은 이민자를 어떠한 형태로 수용국의 사회 일원으로 받아들이느냐를 의미하며 이는 국가에 따라 달라진다. 이민자의 수용원칙을 크게 개괄적으로 유형화해보면, 구분배제(differential exclusion), 동화(assimilation), 통합(integration), 다문화주의(multiculturalism) 모형으로 제시해볼 수 있다(Castles & Miller, 2009). 구분배제모형은 이민자와 그들의 가족을 노동시장과 같은 특정 영역에서만 한정적으로 받아들이고 복지제도, 시민권, 정치적 참여 등은 수용하지 않는 것을 의미한다. 따라서 이민자는 인종적 소수자로 경제, 사회, 문화 그리고 정치적 관계에서 참여가 제한되며 이민자 대부분은 '손님' 혹은 일시적 방문자로 여겨져 정책의 대상으로 통합되지 않는다. 반면, 엄격한 기준으로 공식적인 권한을 부여받은 이민자들에게는 자국의 제도와 문화에 적응하도록 함으로써 문화적 단일성 유지에 초점을 둔다. 본 모델은 독일 등 서유럽의 '손님 노동자(guest worker)' 개념에 적용될 수 있으며 일본, 아시아 신흥국가들 그리고 우리나라의 외국인 노동자의 경우 유사한 맥락에서 이해할 수 있다. 특히 국가 간 양해각서를 통한 외국인 모집과 내국인 우선고용의 원칙을 핵심으로 하는 통독 전 서독의 외국인 인력수급 제도는 우리나라의 외국인 노동자 정책에 많은 영향을 준 것으로 볼 수 있다. 둘째, 동화모형은 다양한 사회적 배경을 가진 이주민에 대한 일방적 적응(adaptation)을 강요하는 것으로 이주민이 본인 출신국의 문화, 언어, 사회적 특성 등을 포기함으로써 주류사회의 일원으로 인정하는 방식을 의미한다. 이를 위해 국가는 주류언어의 사용과 이민자 자녀의 공교육 참여 등을 강조함으로써 이민자들이 거주국의 문화와 가치관에 흡수·통합되는 문화적 동화에 집중한다. 대부분의 선진 이민 국가들과 프랑스의 이민정책에서 이러한 동화모형을 찾아볼 수 있다. 셋째, 통합모형은 최근 유럽의 많은 국가가 관심을 보이는 정책으로 이민자와 자국민이 어느 정도 상호조정(mutual accommodation)의 적응과정을 거치는 점진적 과정으로 통합을 이해한다. 이민자와 자국민들이 상호작용을 통해 서로의 차이를 인식하고 점진적인 통합을 지향하지만, 궁극적으로는 이민자 문화의 지배 문화(dominant culture)로의 흡수를 요구한다. 넷째, 다문화주의모형은 이민자가 다양한 사회·문화적 배경을 포기하지 않고도 거주 사회의 모든 영역에서 동일한 권리를 부여받는 것을 의미한다. 국가는 이주민의 다양성을 인정하고 소수 민족과의 공존과 공생을 통한 사회통합을 정책의 목표로 둔다. 주류문화뿐만이 아니라 이주민의 다양한 사회적 가치, 언어, 문화, 습관 등 다양한 문화가 공존하는 가운데 상호 존중과 관용을 강조한다. 다문화주의모형은 다시 문화다원주의(cultural pluralism)와 다문화주의(multiculturalism)로 나눌 수 있다(Castles & Miller, 2009; 최명민 외, 2015; 한건수, 2016). 이 두 개념은 이민자가 그들의 문화를 유지하면서 권리와 참여를 보장받는다는 점에서는 유사하지만 이를 실현하는 국가의 역할에 대해서는 상이하게 접근하고 있다. 문화다원주의는 미국이 취한 이민자 사회통합정책으로 문화의 다양성과 다양한 종족의 공동체를 인정하면서도 주류문화가 존재한다는 것을 전제로 하며 소수자 지원 혹은 소수문화 유지에 대한 국가의 역할을 인정하지 않는다. 이에 반해 다문화주의는 캐나다, 호주에서 추구하는 이민자 통합정책으로 다양한 문화가 평등하게 인정되어야함을 강조한다. 국가가 적극적으로 소수문화의 차이를 인정하고 소수자에 대한 동등한 권리를 보장하면서 이민자의 고유문화 발전과 나아가 다양한 소수자의 권리를 보장하는 형태로 나타난다.

이러한 이론적 모델을 기초로 한국사회 이민자 정책을 살펴보면 이민자 대상별로 상이하게 접근하고 있음을 알 수 있다. 정부 주도하의 이민자 정책에 가장 핵심이 되는 결혼이주여성의 경우 한국 주류사회에 이들을 통합시키기 위한 동화정책을 표방하였으며, 교체순환 원칙을 전제로 하는 이주노동자의 경우 정착이나 정주를 허용하지 않는 구분배제모형에 입각한 정책들이 추진되어왔다. 이러한 소극적인 이민자 통합정책은 외국인에 대한 복지정책에도 영향을 주어 내국인과 외국인의 구분이 복지정책 대상자 선정에 잣대가 되는 현실을 초래하고 있다(김안나, 2012). 체류 외국인에 대한 사회복지정책의 국제비교를 시행한 김안나 외(2012)의 연구는 한국의 경우 결혼이주여성을 중심으로 가족주의를 강화하는 통합정책이 핵심이 되고 있음을 밝히고 있다. 즉 가족주의에 입각한 결혼이주여성에 대한 관대한 귀화 요건은 국제결혼 증가와 함께 귀화자의 급격한 증가 현상으로 나타났으며, 이에 정책적으로 배제된 외국인 근로자나 난민 등에 대한 지원은 미약하고 여타 이주민의 경우 복지제도의 혜택에도 배제되어 있음을 보이고 있다.

제2절 이민자 사회통합에 관한 선행연구

사회통합(社會統合, social integration)이란 비통합적인 상태에 있는 사회 내 집단이나 개인이 서로 적응함으로써 단일의 집합체로서 통합되어 가는 과정을 일컫는다(설동훈, 2007). 사회통합은 한 사회 내에 민족적·문화적·인종적 배경이 상이한 사람들을 차별이나 제한 없이 한 사회 공동체로 평등하게 진입시키는 과정을 의미한다. 외국인 이민자에 대한 사회통합은 국가 간의 국제적 인구이동을 전제로 한다. 한국 사회에서 이민정책, 나아가 외국인의 사회통합에 대한 논의와 고민은 국제결혼을 통해 정착한 국내 외국인 결혼이주여성에 대한 국가적 관심에서부터 출발한다(이혜경, 2010; 이병렬·김희자, 2011). 1980년 후반부터 이미 외국인 노동자가 한국사회에 들어오기 시작하였으나 이들의 법적 지위나 권리는 일정 기간이 지나면 본국으로 돌아가야 하는 귀환노동자에 해당하므로 이들의 문제는 인권침해나 노동시장 내 차별의 차원에서 다루어졌을 뿐이다(오경석, 2007). 그러나 한국인의 배우자로서 국적을 취득하고 가족을 이루며 한국에서 살아가야 할 국제 결혼이주자의 경우 앞선 귀환노동자와는 전혀 다른 차원에서 다양한 사회적 난제가 도출되었고 이의 해결을 위한 사회통합의 문제가 사회적, 정책적으로 이슈화되었던 것이다(빈부격차·차별시정위원회, 2006). 이러한 정부 차원의 외국인에 대한 적극적 대응은 외국인 정책 대상을 '국내·외 혼혈인', 외국인 노동자와 그 자녀, 결혼이민자, 외국 국적 동포 방문자, 화교, 난민 등 보다 구체적으로 제시하면서 가시화되었다(설동훈, 2007).

이러한 외국인 정책대상의 구체화는 다양한 외국인 집단에 대한 연구수행으로 이어진다. 예를 들어 결혼이주여성, 외국인 노동자, 화교, 새터민 등 다양한 체류 외국인에 대한 국가 다문화 정책을 유형화하고 외국인 대상별 정책을 포섭과 배제의 두 축으로 분석하였다(원숙연, 2008). 또한, 방문취업 중국동포에 대한 연구(김현미, 2009; 곽재석, 2011), 국내외 혼혈인에 대한 연구(설동훈, 2007), 외국인 근로자에 대한 실태 연구(정기선 외, 2010) 등 단일 외국인 집단에 대한 심층 연구들이 이루어졌나. 그러나 징부의 제1치 외국인정책 기본계획 예산의 약 56%가 결혼이주여성 관련 정책 분야인 '질 높은 사회통합'에 책정된 것에서 볼 수 있는 바와 같이 결혼이주여성에 대한 정책적 관심은 정부의 외국인 통합정책의 주축을 이루게 된다(외국인정책위원회, 2008; 최무현, 2008). 또한, 여성결혼이민자와 그들의 가족을 대상으로 중앙정부 차원에서 전국을 대상으로 전수조사를 계획하여 진행하거나(김승권 외, 2010) 혹은 지방정부 차원에서 각 시·도별로 해당 지역에 거주하는 여성결혼이민자들을 대상으로 한 실태조사를 통해 결혼이민자 가족의 가족생활, 경제, 취업, 다양한 욕구에 대한 수요 등 실태 파악에 대한 연구에서부터 결혼이민자 가족의 가정폭력 등 가족 문제, 생활에 대한 만족 수준 등 폭넓은 연구가 이루어졌다(한국염, 2004; 설동훈 외, 2005; 여성가족부, 2006; 김이선 외, 2007). 이러한 다양한 체류 외국인에 관한 기존 연구들은 공통적으로 한국사회에서 배제되거나 갈등하고 있는 체류 외국인에 대한 실태를 논하고 있으며 이에 대한 사회정책의 필요성을 제기하고 있다.

한국사회 내 다양한 체류 외국인의 계속 증가에 따른 정책적·학술적 관심은 이에 따른 체류 외국인 이민자의 사회통합을 위한 이민정책 연구로 이어지고 있다. 길강묵(2011)은 법무부의 이민정책 현황과 과제를 중심으로 이민자 사회통합정책의 현황과 문제점을 분석하고 향후 이민 사회에 대비한 종합적, 전략적 대응이 필요함을 주장하고 있다. 이규용(2014)의 연구에서는 한국의 이민정책과 관련된 쟁점과 과제를 분석하였으며, 이민정책이 유입국에 미치는 영향에 대해 경제적 효율성, 분배구조, 국가 정체성이나 사회적 연대, 사회안전과 공공질서에 미치는 영향으로 구분하여 설명하였다. 이상윤(2014)은 한국의 이민자와 외국인들이 한국사회에 통합되기 위해 가능한 효과적 추진체계에 대한 구축방안을 제시하고 바람직한 사회통합의 정책방안들을 모색하고 있다.

위 연구들이 체류 외국인에 대한 이민정책에 대해 포괄적으로 접근하고 있는 반면, 다양한 체류 외국인의 복지권 향상을 위한 사회·정책적 접근을 시도한 연구들도 찾아볼 수 있다. 구인회 외(2008)의 연구에서는 영주권자를 중심으로 사회복지제도의 적용 여부를 분석함으로써 사회통합방안을 제안하였다. 이 연구는 한국과 미국, 독일, 일본의 영주권자에 대한 사회정책을 비교·분석하고, 한국의 이민정책 및 사회복지제도에 주는 함의를 정리하고 있으며, 사회보험, 공공부조, 사회복지서비스에 관한 선진국의 사례를 통해 한국에서도 각 제도에 대한 수급권을 확대할 필요가 있음을 제안하고 있다. 설동훈(2013)의 연구에서는 시민권 관련 정책과 제도를 분석함에 있어 영주권자와 귀화자, 이주노동자의 권리를 다양한 측면에서 살펴보며, 독일, 일본, 한국의 비교 연구를 통해 한국사회 내 이민자의 시민권 제도 및 정책을 정비할 수 있는 정책적 근거를 제시하고 있다. 이 연구에서는 한국의 경우 영주권자는 공공부조와 사회복지서비스에서 독일이나 일본과는 달리 귀화자와 동등한 처우를 받고 있지 못하고 있음을 밝히고 있다. 김종철(2010)은 난민의 사회통합을 위한 개선과제와 방향을 논의함에 있어서 난민협약상 규정된 난민의 권리 중심으로 접근하고 있으며, 난민 인정자의 경우 법적으로 취업이 가능하지만, 인도적 체류자나 난민신청자의 경우 취업이 어렵고 특히 난민신청자는 취업도 하지 못한 채 장기간의 난민 인정절차를 기다려야 하는 등 사회통합의 현실적 어려움을 지적한다. 또한, 난민의 교육권, 가족결합의 권리, 체류권, 국적 취득에 대해 제도적으로 사회통합을 이룰 수 있는 방안들을 모색해야 함을 주장한다. 이병렬 · 김희자(2011)의 연구에서는 한국의 이주정책을 서구 이주정책 유형론에 따라 다섯 가지 범주—안정적인 정주의 권리, 노동시장에 대한 접근, 복지권 및 정치권, 이주민을 위한 적극적 정책 등으로 구분하고 6개의 이주집단에 대한 정책 내용을 분석한다. 새터민, 결혼이주여성, 외국 국적 동포노동자, 비동포 이주노동자, 화교, 난민 등 이들 이주집단을 분석한 결과, 한국의 이주정책은 전형적인 차별배제 모형을 보이고 있음을 밝히고 있다(Ibid.). 그러나 이러한 기존 연구들은 특수한 체류 외국인에 관해 연구한다거나 혹은 국내 체류 외국인에 대한 한정적 접근을

행하고 있어 체류 외국인 이민자 전반에 관한 포괄적 조사와 이민자 정책에 관한 국제비교 연구의 필요성이 제기된다.

따라서 본 연구는 앞서 살펴본 선행연구들의 연구 결과를 기초로 특히 한국사회에서 많은 관심을 차지하고 있는 결혼이주여성, 외국인 근로자, 영주권자 등을 본 연구의 주요 대상으로 설정하여 실태분석하고 주요 이민국들의 이민자 사회복지정책을 국제비교 분석함으로써 국내 체류 외국인의 사회통합 증진을 위한 이민자 복지정책 수립의 시사점을 찾고자 한다.

제3절 이민자의 개념 및 현황

이민자에 대한 보편적인 개념을 제시하는 UN의 경우 이민의 목적과 체류 기간에 대한 정의로부터 출발한다(문병기 외, 2015; UN, 2017). 먼저 이민의 목적으로 정의하면 이민자는 일시적이더라도 체류할 목적으로 국경을 넘나들며 외국으로 거주지를 이동한 자, 즉 외국인을 의미한다. 또한, 체류 기간과 관련하여 1년 이상 일상적 거주지를 다른 나라로 옮긴 사람을 '장기이민자', 3개월 이상 1년 미만의 기간 동안 일상적 거주지를 다른 나라로 옮긴 사람을 '단기이민자'로 구분하고 있다(UN, 2017). 한편, OECD에서는 국가마다 이민자의 정의가 다르게 나타나는데 이는 국적 취득이나 귀화와 관련된 법률 및 역사의 특성과 관련이 있어 유럽, 한국, 일본 등은 전통적으로 체류 외국인을 이민자로 규정하는 반면, 미국, 호주, 캐나다 등 이민 수용국들은 해외 출생자를 이민자로 규정한다(이규용 외, 2014). 이를 바탕으로 본 연구에서는 이민자란 일시적·영구적으로 사회 구성원의 자격을 부여받고 한 국가에서 다른 국가로 이주한 체류 외국인으로 정의하고자 한다. 우리사회의 대표적인 이민자 집단으로는 한국인과의 국제결혼을 통해 국민의 배우자로, 대부분 영구적 사회 구성원 자격을 취득한 결혼이민자, 근로와 취업을 목적으로 일시적으로 사회 구성원 자격을 취득한 외국인 근로자, 인종, 종교 또는 정치적, 사상적 박해를 피해 망명한 난민, 학업을 목적으로 국내에 체류하고 있는 외국인 유학생, 국적회복 혹은 간이귀화 등을 통해 국내에 정주하거나 방문취업제에 따라 입국하여 비정주 거주하는 해외동포 등을 들 수 있다.

앞서 살펴본 국내 체류 외국인들의 최근 연도별 추이를 살펴보면 2002년 62만 9천 명에서 2019년 말 기준 약 252만 5천명으로 증가하여 지난 17년 동안 거의 4배에 가까운 증가율을 보이며 인구 대비 국내 체류 외국인의 비율이 4.87%를 차지하였다(법무부 2020a: 38). 2007년 3월 외국 국적 동포에 대한 방문취업제의 시행으로 등록외국인 수가 급증하여 같은 해 8월의 경우 사상 처음으로 국내 체류 외국인 100만 시대를 맞이하게 되었다(〈표 2-1〉 참고).

체류 외국인을 연령별로 살펴보면(〈그림 2-1〉), 취업 활동이 활발한 20대와 30대가 각각 25.7%와 26.3%로 높은 비율을 차지하고 있으며 그 뒤를 이어 40대가 16%를 보이고 있어 활발한 근로활동이 예상되는 20~40대의 비율이 높은 것을 알 수 있다.

〈그림 2-2〉를 기초로 이민자집단의 대표적 체류자격별 유형에 대해 살펴보면 비전문취업(E-9), 선원취업(E-10), 방문취업(H-2)을 포함한 단순 기능인력이 약 52만 명에 이르고 있으며, 결혼이민자는 약 16만 6천 명을 보이고 있다. 유학 및 한국어 연수생을 포함한 외국인 유학생의 경우 2019년 말 18만 명을 넘어 결혼이민자보다도 많은 수치

를 보여주고 있다. 한편 재외동포(F-4)를 포함한 외국 국적 동포는 약 87만 8천명으로 매년 증가하는 추세를 보이고 있다(법무부, 2020a).

〈표 2-1〉 체류 외국인 연도별 추이

(단위: 명)

연도	총계	등록	거소신고	단기체류
2002년	629,006	252,457	19,209	357,340
2003년	678,687	437,954	22,307	218,426
2004년	750,873	468,875	22,534	259,464
2005년	747,467	485,144	25,365	236,958
2006년	910,149	631,219	29,388	249,542
2007년	1,066,273	765,746	34,516	266,011
2008년	1,158,866	854,007	41,457	263,402
2009년	1,168,477	870,636	50,251	247,590
2010년	1,261,315	918,917	83,825	258,673
2011년	1,395,077	982,461	135,020	277,596
2012년	1,437,576	958,282	173,647	305,647
2013년	1,576,034	985,923	233,269	356,842
2014년	1,797,618	1,091,531	286,414	419,673
2015년	1,899,519	1,143,087	324,786	431,646
2016년	2,049,441	11,61,677	368,862	518,902
2017년	2,180,498	1,171,762	411,337	597,399
2018년	2,367,607	1,246,626	441,107	679,874
2019년	2,524,656	1,271,807	459,996	792,853

자료: 법무부(2020a).

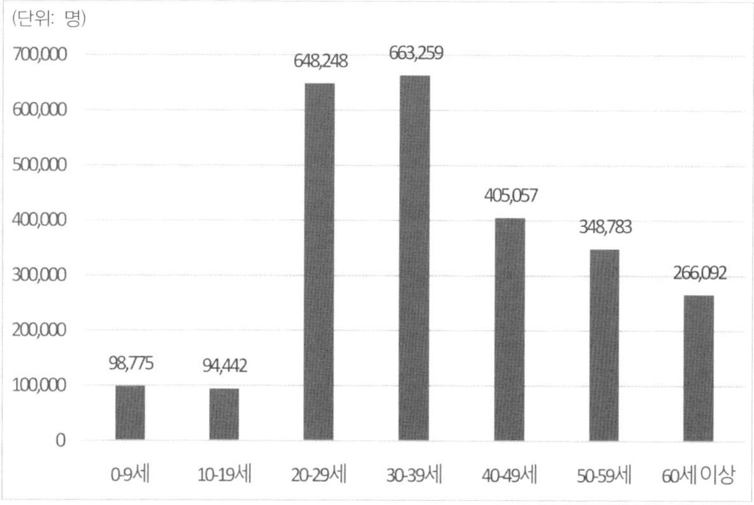

자료: 법무부(2020a).

〈그림 2-1〉 체류 외국인 연령별 현황

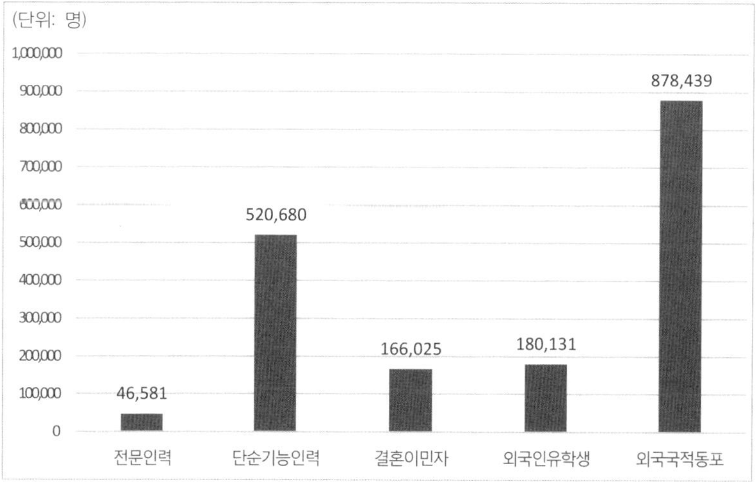

자료: 법무부(2020a).

〈그림 2-2〉 이민자 체류자격별 현황

제3장

한국 이민자 관련법 및 체류자격제도

제3장 한국 이민자 관련법 및 체류자격제도

제1절 관련법

우리나라의 외국인 이민자와 관련된 대표적인 법률에는 국적법, 출입국관리법, 재외동포의 출입국과 법적지위에 관한 법률, 외국인근로자의 고용 등에 관한 법률, 재한외국인처우기본법, 다문화가족지원법, 난민법 등이 있다(한태희, 2019). 외국인 이민자의 유입과 유출을 관리하는 출입국관리법은 1963년에 제정되었으나 대부분의 주요한 이민 관련 법률들은 1999년 이후 제정되었다.

〈표 3-1〉 부처별 이민자 관련 법률

제정년도	법률명	소관부처
1948	국적법	법무부
1963	출입국관리법	법무부
1999	재외동포의 출입국과 법적지위에 관한 법률	법무부
2003	외국인근로자의 고용 등에 관한 법률	고용노동부
2007	재한외국인처우기본법	법무부
2008	다문화가족지원법	여성가족부
2012	난민법	법무부

출처: 한태희(2019:17).

1. 국적법

국적(nationality)은 "한 사람과 한 국가의 법적 유대(legal bond)"로 정의되며 "특정 국가의 국민이 되는 자격" 또는 "어떤 개인이 특정한 국가의 구성원이 되는 자격 또는 지위"라 할 수 있다(이철우 외, 2019: 265). 「국적법」은 "대한민국의 국민이 되는 요건은 법률로 정한다"고 규정한 헌법의 국적법정주의 아래 1948년 12월 제정되었다. 본 법률에 따르면 대한민국의 국적은 출생, 인지, 귀화 등의 조건으로 취득 가능하다. 출생에 의한 국적 취득은 출생과 동시에 대한민국 국적을 취득하는 경우로 다음 중 하나의 요건에 해당해야 한다: ① 출생 당시 부 또는 모가 대한민국의 국민인 경우, ② 출생하기 전에 부가 사망하였으며, 사망 당시 부가 대한민국의 국민이었던 경우, ③ 부모가 모두 분명하지 않거나 국적이 없으면서 대한민국에서 출생한 경우(동법 제2조)와 ④ 인지(認知)에 의한 국적 취득의 경우, 본인은 대한민국의 국민이 아닌 외국인이지만 대한민국의 국민인 부 또는 모에 의해 인지된 자이기에 미성년자에 한해서는 법무부장관에게 신고함으로써 대한민국 국적을 취득할 수 있다(동법 제3조). 국적의 취득은 출생과 더불어 취득하는 선천적 취득과 출생 후 살아가면서 취득하게 되는 후천적 취득으로 나누어 볼 수 있으며 대한민국은 혈통주의를 기본으로 하면서 매우 예외적인 경우에 한해 출생지주의에 의한 국적취득을 가능하게 하고 있다(이철우 외, 2019). 1948년 국적법 최초 제정 당시 '부계 혈통주의'가 중심을 이루었으며, 1997년 제4차 개정을 통해 선천적 국적결정기준이 '부모양계 혈통주의'로 변경되면서 외국인을 부(父)로 하여 출생한 자도 대한민국 국적을 취득할 수 있게 되었다(김명현, 2012). 한편, 대한민국 국적을 취득한 적 없는 외국인은 법무부장관이 귀화를 허가하면 국적 취득이 가능하다. 이러한 귀화에 의한 국적 취득은 일반귀화, 간이귀화, 특별귀화로 나뉜다(동법 제5조, 제6조, 제7조: 귀화에 관한 자세한 설명은 하단의 제3절 '영주권과 귀화제도' 참조). 2018년 12월에는 '영주권 전치주의'가 새로 도입됨으로써 귀화의 조건이 강화되었다. 영주권 전치주의란 귀화허가를 신청할 때 "대한민국에서 영주할 수 있는 체류자격"을 가지고 있을 것이 요구됨을 의미한다(이철우 외, 2019). 이 밖에도 부 또는 모가 귀화허가를 신청하면서 대한민국 「민법」상 미성년인 외국인의 자가 함께 국적 취득을 신청할 수 있는 수반 취득 제도도 있다(동법 제8조).

2. 출입국관리법

이민자와 관련된 이민정책에 있어 기본이 되는 「출입국관리법」은 1963년에 처음으로 제정되었다. 출입국관리법은 대한민국에 입국하거나 출국하는 모든 국민 및 외국인의 출입국관리와 외국인의 체류관리 및 난민(難民)의 인정절차 등에 관한 사항을 규정함을 목적으로 만들어진 법률이다. 본 법률에 따라 외국인이 가질 수 있는 대한민국 체류 자격은 우선 일반체류자격과 영주자격으로 구분된다(동법 제10조). 일반체류자격은 본 법률에 따라 대한민국에 체류할 수 있되 그 기간이 제한된 경우이며, 영주자격은 대한민국에 영주(永住)할 수 있는 자격으로 활동 범위나 체류 기간에 있어 일반적으로 제한을 받지 않는다(동법 제10조의 3). 일반체류자격은 단기체류자격과 장기체류자격으로 구분되는데(동법 제10조의 2), 단기체류자격은 대한민국에 머무를 수 있는 기간이 90일 이하로 관광, 방문 등의 목적으로 한국에 입국한 경우다. 단, 사증면제협정이나 상호주의에 따라 90일이 초과할 때는 그 기간으로 계산된다. 반면, 장기체류자격을 갖추면 90일을 초과하여 대한민국에 머무를 수 있다. 보통 유학, 연수, 투자, 주재, 결혼 등의 목적으로 입국한 경우로 법무부령으로 정하는 체류 기간의 상한 범위에서 대한민국에 거주 가능하다. 이 밖에 난민 임시상륙허가도 있다(이철우 외, 2019). 이는 외국인이 「난민법」 제2조제1호에 규정된 이유 등으로 생명에 위협이 되거나 신체적 자유가 억압될 수도 있는 지역에서 도피하여 대한민국에 들어와 비호(庇護)를 신청한 경우로, 법무부장관이 외교부장관과 협의하에 그 이유가 합당하다고 승인을 하여야만 한다. 그럴 경우, 90일의 범위에서 난민 임시상륙허가가 가능하다.

3. 재외동포의 출입국과 법적 지위에 관한 법률

재외동포의 대한민국 출입국과 체류 시 제한을 완화하고 편의를 증진하기 위해 1999년에 제정된 「재외동포의 출입국과 법적 지위에 관한 법률」(약칭: 재외동포법)은 "재외동포의 대한민국에의 출입국과 대한민국 안에서의 법적 지위를 보장"하는 것을 목적으로 한다(동법 제1조). 재외동포법은 재외동포가 모국인 대한민국에서 부동산 취득, 금융, 외국환거래 등 경제 활동시 각종 제약을 완화하고 투자를 촉진하고 경제 회생을 위한 분위기를 확산하기 위해 시행되었다(한태희, 2019). 본 법률에서 정의한 재외동포는 ① 재외국민: 대한민국의 국민으로서 외국의 영주권을 취득하였거나 영주할 목적으로 외국에 거주하고 있는 자, 또는 ② 외국국적동포: 대한민국의 국적을 보유하였었거나 그 직계비속으로서 외국 국적을 취득한 자 중 대통령령으로 정하는 자를 말한다. 재외동포법은 외국국적동포 중 출입국관리법

제10조에 따른 체류자격 중 재외동포(F-4) 체류자격을 가진 외국국적 동포에만 적용된다(한태희, 2019).

4. 외국인근로자의 고용 등에 관한 법률

2003년에 제정된 「외국인근로자의 고용 등에 관한 법률」(약칭: 외국인고용법)은 "외국인근로자를 체계적으로 도입·관리함으로써 원활한 인력수급 및 국민경제의 균형 있는 발전을 도모"하는 것을 목적으로 한다(동법 제1조). 외국인고용법은 과거 산업연수생을 편법으로 근로자로 활용하면서 각종 송출비리, 불법체류, 직장 내 인권탄압 등의 부정적인 결과가 발생함으로 인해 단순기능인력에 대한 합법적이고 투명한 고용관리 체계 마련을 통해 국내의 부족한 비전문인력난을 해소하고자 제정되었다(한태희, 2019). 본 법률에서 일반적으로 정의하는 외국인근로자는 "대한민국의 국적을 가지지 아니한 사람으로서 국내에 소재하고 있는 사업 또는 사업장에서 임금을 목적으로 근로를 제공하고 있거나 제공하려는 사람"이다(동법 제2조). 2003년 동법이 제정되고 2004년 8월 시행된 고용허가제도는 국내 비전문인력의 부족을 해소하고 단순외국인력에 대한 효과적인 고용관리 체계 마련을 위해 도입되었다. 고용허가제가 시행되기 전 원칙적으로 근로자의 신분을 인정받지 못했던 산업연수생제도는 2006년까지 고용허가제와 병행 운영되다가 2007년 1월 고용허가제도로 일원화되었다(차용호, 2015). 외국인고용법은 국내에 체류하는 외국인 근로자 모두에게 적용되는 것이 아니고 국내 취업체류자격을 가진 외국인 근로자 중 단순기능인력인 비전문취업(E-9)과 방문취업(H-2) 체류자격자에게만 적용된다(한태희, 2019).

5. 재한외국인처우기본법

2007년에 제정된 「재한외국인처우기본법」(약칭: 외국인처우법)은 우리나라 외국인 정책의 근간이 되는 법률로서 "재한외국인에 대한 처우 등에 관한 기본적인 사항을 정함으로써 재한외국인이 대한민국 사회에 적응하여 개인의 능력을 충분히 발휘할 수 있도록 하고, 대한민국 국민과 재한외국인이 서로를 이해하고 존중하는 사회 환경을 만들어 대한민국의 발전과 사회통합에 이바지"하는 것을 목적으로 두고 있다(동법 제1조). 본 법은 대한민국에 체류하고 있는 외국인의 처우에 관한 기본법으로 법률 명칭상으로 외국인의 인권, 사회보장 관련 내용을 담고 있다(이철우 외, 2019). 법 제3장에서는 '재한외국인 등의 처우'에서 재한외국인 등의 인권옹호(제10조), 재한외국인 사회적응 지원(제11조), 결혼이민자 및 그 자녀의 처우(제12조), 영주권자의 처우(제13조), 난민의 처우(제14조), 국적취득 후 사회적응(제15조), 전문외국인력의 처우 개선(제16조), 과거 대한민국국적을 보유하였던 자 등의 처우(제17조) 등을 규정하고 있으며, 본 법률 제5조에 따라 법무부장관은 관계중앙행정기관의 장과 협의하여 외국인 정책에 대한 기본계획을 수립하게 되어 있다. 이러한 외국인처우법은 그 적용대상에 있어 합법적으로 체류하고 있는 자일 것을 전제하고 있음으로 불법체류자로 지칭되는 미등록 외국인에 대해서는 보호 대상에서 제외하고 있다고 판단된다(이철우 외, 2019). 비록, 외국인처우법이 합법체류 외국인에 한정된다고 할지라도, 외국인의 사회적 처우에 관한 기본적 방향을 제시하고 외국인의 법적 지위를 보장하면서 외국인의 사회적 적응과 국가의 외국인 정책 기틀 수립에 근거를 제시한 최초의 입법적 시도라는 점에서는 의의를 가진다고 볼 수 있다(이철우 외, 2019).

6. 다문화가족지원법

2008년에 제정된 「다문화가족지원법」의 목적은 "다문화가족 구성원이 안정적인 가족생활을 영위하고 사회구성원으로서의 역할과 책임을 다할 수 있도록 함으로써 이들의 삶의 질 향상과 사회통합에 이바지"(동법 제1조)하는 것으로 사회복지성격을 갖춘 법률이라 할 수 있다(김영선, 2011). 여성가족부가 소관부처인 다문화가족지원법은 가족정책의 하나로 마련된 법률로서 다문화가족지원법의 지원대상이 되는 가족은 ① 외국 국적의 결혼이민자와 대한민국 국적자(출생, 인지 또는 귀화로 국적을 취득한 자), 또는 ② 대한민국 국적자(인지 또는 귀화로 국적을 취득한 자)와 대한민국 국적자(출생, 인지 또는 귀화로 국적을 취득한 자)로 이루어진 가족을 의미하고, 따라서 다문화가족지원법상의 지원대상이 되는 다문화가족은 가족 구성원으로 최소 1인 이상의 대한민국 국적자가 포함되어야 한다(한태희, 2019).

다문화가족지원법은 그 보호 대상으로 '다문화가족'과 '결혼이민자 등'을 규정(제2조)하고 있으며 지원 내용으로는 생활정보 제공 및 교육 지원(제6조), 가정폭력 피해자에 대한 보호·지원(제10조), 다국어에 의한 서비스 제공(제11조), 다문화가족지원센터의 설치·운영 등(제12조), 보수교육의 실시(제12조의 2), 다문화가족지원사업 전문인력 양성(제13조의 2) 등이 있다(이철우 외, 2019). 다문화가족지원법은 결혼이민자를 포함한 다문화가족 구성원들이 언어 및 문화적 차이 등으로 사회부적응과 가족 구성원 간에 갈등 및 자녀교육에 어려움을 겪고 있음에 따라 다문화가족 구성원의 삶의 질을 향상하고 안정적인 가족생활을 영위할 수 있도록 지원함으로써 다문화가족의 사회통합에 기여하고 우리 사회의 다문화성 향상을 위한 법적 근거를 마련했다는 점에서 의미가 있다.

7. 난민법

대한민국은 1992년 난민의 지위에 관한 협약 및 난민에 관한 의정서에 가입하고 1993년 출입국관리법에 난민인정절차 등을 규율하고 있었으나, 난민 인정비율의 저조함, 난민신청자 및 인정자에 대한 부적절한 처우 등으로 문제가 제기되면서 난민인정절차 및 처우 등에 대한 상세한 내용으로 구성된 독립된 난민법을 2013.7.1.부터 아시아 최초로 시행하고 있다(이철우 외, 2019). 2012년에 제정·공포된 「난민법」은 "「난민의 지위에 관한 1951년 협약」 및 「난민의 지위에 관한 1967년 의정서」 등에 따라 난민의 지위와 처우 등에 관한 사항"을 정하는 것을 목적으로 한다(동법 제1조). 이때 난민이란 "인종, 종교, 국적, 특정 사회집단의 구성원인 신분 또는 정치적 견해를 이유로 박해를 받을 수 있다고 인정할 충분한 근거가 있는 공포로 인하여 국적국의 보호를 받을 수 없거나 보호받기를 원하지 아니하는 외국인 또는 그러한 공포로 인하여 대한민국에 입국하기 전에 거주한 국가로 돌아갈 수 없거나 돌아가기를 원하지 아니하는 무국적자인 외국인"을 뜻하며, 인도적 체류 허가를 받은 사람은 앞서 언급한 난민에 해당하는 경우는 아니나 "고문 등의 비인도적인 처우나 처벌 또는 그 밖의 상황으로 인하여 생명이나 신체의 자유 등을 현저히 침해당할 수 있다고 인정할 만한 합리적인 근거가 있는 사람으로서 대통령령으로 정하는 바에 따라 법무부장관으로부터 체류허가를 받은 외국인"을 말한다(동법 제2조). 이러한 난민 인정자나 인도적 체류 허가를 받은 자, 혹은 난민신청자는 본인의 의사에 반하여 강제로 송환되지는 않는다(동법 제3조).

제2절 체류자격 유형

체류자격이란 외국인이 한 나라에 체류하는 근거가 되는 것으로 '출입국관리법' 또는 '이민법'에서 제시한 일정한 활동을 할 수 있는 자격을 유형화한 것으로 개념 정의할 수 있다(차용호, 2015; 설동훈, 2016). 외국인의 입국과 함께 시작되는 체류는 그 기간을 기준으로 90일 이하일 경우 단기체류, 90일을 초과할 경우 장기체류, 그리고 체류 기간의 제한이 없는 영주로 구분할 수 있다(이철우 외, 2019). 우리나라의 경우 「출입국관리법」 제10조에서 체류자격을 언급하고 있는데, 이는 체류 기간이 제한되는 일반체류자격과 활동 범위 및 체류 기간이 제한되지 않는 영주자격으로 구분된다. 「출입국관리법 시행령」 제12조 관련 별표들에서는 구체적인 체류자격과 활동 범위들을 제시하고 있는데, 별표1의 1에서 단기체류자격을, 별표1의 2에서 장기체류자격을, 별표1의 3에서 영주자격 관련 내용을 제시하고 있다. 체류자격의 핵심은 유입국에 입국하고자 하는 외국인에게 체류의 허가를 부여하는 것으로 이는 곧 취업의 기회와도 연결됨을 의미한다. 따라서 체류자격에는 이민자들에게 체류 지위와 더불어 이들의 활동 범위와 유효기간, 직업선택 자유 보장 여부 등이 명시되어 있다(설동훈, 2016). 예를 들어 활동 범위 및 체류 기간이 제한되지 않는 외국인 영주권자의 경우 직업선택과 거주가 자유로울 수 있지만, 사업장 이동이 제한적인 외국인 근로자, 취업의 자유가 허용되지 않는 외국인 유학생의 경우 체류자격에 활동과 기간에 대한 제약이 명시되어 있다. 이러한 외국인에 대한 체류자격 부여는 외국인들이 국내에 체류하면서 활동가능한 법적 지위를 유형화한 것으로 체류자격에 따라 상이한 권리를 부여받게 되는 것이다.

예를 들어 우리나라 이민자 정책 및 사회통합정책에 핵심이 되는 국민의 배우자인 결혼이민자의 경우 F-6에 해당되며 체류 상황에 따라 F-2(거주) 혹은 F-5(영주) 자격을 부여받게 된다. 외국인 근로자의 체류자격은 취업자격이 있는 외국인현황과 연관되는데 이는 다시 전문인력과 단순 기능인력으로 세분된다. 전문인력에는 단기취업(C-4), 교수(E-1), 회화지도(E-2), 연구(E-3), 기술지도(E-4), 전문직업(E-5), 예술흥행(E-6), 특정활동(E-7)이 해당된다. 단순 기능인력에는 비전문취업(E-9), 선원취업(E-10), 방문취업(H-2)이 해당된다.

〈표 3-2〉 장기체류자격(출입국관리법 시행령 [별표 1의2], 〈개정 2020.8.5.〉)

체류자격 (기호)	체류자격에 해당하는 사람 또는 활동범위
1. 외교(A-1)	대한민국정부가 접수한 외국정부의 외교사절단이나 영사기관의 구성원, 조약 또는 국제관행에 따라 외교사절과 동등한 특권과 면제를 받는 사람과 그 가족
2. 공무(A-2)	대한민국정부가 승인한 외국정부 또는 국제기구의 공무를 수행하는 사람과 그 가족
3. 협정(A-3)	대한민국정부와의 협정에 따라 외국인등록이 면제되거나 면제할 필요가 있다고 인정되는 사람과 그 가족
4. 문화예술 (D-1)	수익을 목적으로 하지 않는 문화 또는 예술 관련 활동을 하려는 사람(대한민국의 전통문화 또는 예술에 대하여 전문적인 연구를 하거나 전문가의 지도를 받으려는 사람을 포함한다)
5. 유학(D-2)	전문대학 이상의 교육기관 또는 학술연구기관에서 정규과정의 교육을 받거나 특정 연구를 하려는 사람
6. 기술연수 (D-3)	법무부장관이 정하는 연수조건을 갖춘 사람으로서 국내의 산업체에서 연수를 받으려는 사람
7. 일반연수 (D-4)	법무부장관이 정하는 요건을 갖춘 교육기관이나 기업체, 단체 등에서 교육 또는 연수를 받거나 연구활동에 종사하려는 사람[연수기관으로부터 체재비를 초과하는 보수(報酬)를 받거나 유학(D-2) · 기술연수(D-3) 체류자격에 해당하는 사람은 제외한다]
8. 취재(D-5)	외국의 신문사, 방송사, 잡지사 또는 그 밖의 보도기관으로부터 파견되거나 외국 보도기관과의 계약에 따라 국내에 주재하면서 취재 또는 보도활동을 하려는 사람
9. 종교(D-6)	가. 외국의 종교단체 또는 사회복지단체로부터 파견되어 대한민국에 있는 지부 또는 유관 종교단체에서 종교활동을 하려는 사람 나. 대한민국 내의 종교단체 또는 사회복지단체의 초청을 받아 사회복지활동을 하

	려는 사람 다. 그 밖에 법무부장관이 인정하는 종교활동 또는 사회복지활동에 종사하려는 사람
10. 주재(D-7)	가. 외국의 공공기관 · 단체 또는 회사의 본사, 지사, 그 밖의 사업소 등에서 1년 이상 근무한 사람으로서 대한민국에 있는 그 계열회사, 자회사, 지점 또는 사무소 등에 필수 전문인력으로 파견되어 근무하려는 사람[기업투자(D-8) 체류자격에 해당하는 사람은 제외하며, 국가기간산업 또는 국책사업에 종사하려는 경우나 그 밖에 법무부장관이 필요하다고 인정하는 경우에는 1년 이상의 근무요건을 적용하지 않는다] 나. 「자본시장과 금융투자업에 관한 법률」 제9조제15항제1호에 따른 상장법인 또는 「공공기관의 운영에 관한 법률」 제4조제1항에 따른 공공기관이 설립한 해외 현지법인이나 해외지점에서 1년 이상 근무한 사람으로서 대한민국에 있는 그 본사나 본점에 파견되어 전문적인 지식 · 기술 또는 기능을 제공하거나 전수받으려는 사람(상장법인의 해외 현지법인이나 해외지점 중 본사의 투자금액이 미화 50만 달러 미만인 경우는 제외한다)
11. 기업투자 (D-8)	가. 「외국인투자 촉진법」에 따른 외국인투자기업의 경영 · 관리 또는 생산 · 기술 분야에 종사하려는 필수전문인력으로서 법무부장관이 인정하는 사람[외국인이 경영하는 기업(법인은 제외한다)에 투자한 사람 및 국내에서 채용된 사람은 제외한다] 나. 지식재산권을 보유하는 등 우수한 기술력으로 「벤처기업육성에 관한 특별조치법」 제2조의2제1항제2호다목에 따른 벤처기업을 설립한 사람 중 같은 법 제25조에 따라 벤처기업 확인을 받은 사람 또는 이에 준하는 사람으로서 법무부장관이 인정하는 사람 다. 다음의 어느 하나에 해당하는 사람으로서 지식재산권을 보유하거나 이에 준하는 기술력 등을 가진 사람 중 법무부장관이 인정한 법인 창업자 1) 국내에서 전문학사 이상의 학위를 취득한 사람 2) 외국에서 학사 이상의 학위를 취득한 사람 3) 관계 중앙행정기관의 장이 지식재산권 보유 등 우수한 기술력을 보유한 사람으로 인정하여 추천한 사람
12. 무역경영 (D-9)	대한민국에 회사를 설립하여 경영하거나 무역, 그 밖의 영리사업을 위한 활동을 하려는 사람으로서 필수 전문인력에 해당하는 사람[수입기계 등의 설치, 보수, 조선 및 산업설비 제작 · 감독 등을 위하여 대한민국 내의 공공기관 · 민간단체에 파견되어 근무하려는 사람을 포함하되, 국내에서 채용하는 사람과 기업투자(D-8) 체류자격에 해당하는 사람은 제외한다]
13. 구직(D-10)	가. 교수(E-1)부터 특정활동(E-7)까지의 체류자격[예술흥행(E-6) 체류자격 중 법무부장관이 정하는 공연업소의 종사자는 제외한다]에 해당하는 분야에 취업하기 위하여 연수나 구직활동 등을 하려는 사람으로서 법무부장관이 인정하는 사람 나. 기업투자(D-8) 다목에 해당하는 법인의 창업 준비 등을 하려는 사람으로서 법무부장관이 인정하는 사람
14. 교수(E-1)	「고등교육법」 제14조제1항 · 제2항 또는 제17조에 따른 자격요건을 갖춘 외국인으로서 전문대학 이상의 교육기관이나 이에 준하는 기관에서 전문 분야의 교육 또는 연구 · 지도 활동에 종사하려는 사람

15. 회화지도 (E-2)	법무부장관이 정하는 자격요건을 갖춘 외국인으로서 외국어전문학원, 초등학교 이상의 교육기관 및 부설어학연구소, 방송사 및 기업체 부설 어학연수원, 그 밖에 이에 준하는 기관 또는 단체에서 외국어 회화지도에 종사하려는 사람
16. 연구(E-3)	대한민국 내 공공기관 · 민간단체으로부터 초청을 받아 각종 연구소에서 자연과학 분야의 연구, 사회과학 · 인문학 · 예체능 분야의 연구 또는 산업상 고도기술의 연구 · 개발에 종사하려는 사람[교수(E-1) 체류자격에 해당하는 사람은 제외한다]
17. 기술지도 (E-4)	자연과학 분야의 전문지식 또는 산업상 특수한 분야에 속하는 기술을 제공하기 위하여 대한민국 내 공공기관 · 민간단체로부터 초청을 받아 종사하려는 사람
18. 전문직업 (E-5)	대한민국 법률에 따라 자격이 인정된 외국의 변호사, 공인회계사, 의사, 그 밖에 국가공인 자격이 있는 사람으로서 대한민국 법률에 따라 할 수 있도록 되어 있는 법률, 회계, 의료 등의 전문업무에 종사하려는 사람[교수(E-1) 체류자격에 해당하는 사람은 제외한다]
19. 예술흥행 (E-6)	수익이 따르는 음악, 미술, 문학 등의 예술활동과 수익을 목적으로 하는 연예, 연주, 연극, 운동경기, 광고 · 패션 모델, 그 밖에 이에 준하는 활동을 하려는 사람
20. 특정활동 (E-7)	대한민국 내의 공공기관 · 민간단체 등과의 계약에 따라 법무부장관이 특별히 지정하는 활동에 종사하려는 사람
20의2. 계절근로 (E-8)	법무부장관이 관계 중앙행정기관의 장과 협의하여 정하는 농작물 재배 · 수확(재배 · 수확과 연계된 원시가공 분야를 포함한다) 및 수산물 원시가공 분야에서 취업 활동을 하려는 사람으로서 법무부장관이 인정하는 사람
21. 비전문취업 (E-9)	「외국인근로자의 고용 등에 관한 법률」에 따른 국내 취업요건을 갖춘 사람(일정 자격이나 경력 등이 필요한 전문직종에 종사하려는 사람은 제외한다)
22. 선원취업 (E-10)	다음 각 목에 해당하는 사람과 그 사업체에서 6개월 이상 노무를 제공할 것을 조건으로 선원근로계약을 체결한 외국인으로서 「선원법」 제2조제6호에 따른 부원(部員)에 해당하는 사람 가. 「해운법」 제3조제1호 · 제2호 · 제5호 또는 제23조제1호에 따른 사업을 경영하는 사람 나. 「수산업법」 제8조제1항제1호, 제41조제1항 또는 제57조제1항에 따른 사업을 경영하는 사람 다. 「크루즈산업의 육성 및 지원에 관한 법률」 제2조제7호에 따른 국적 크루즈사업자로서 같은 조 제4호에 따른 국제순항 크루즈선을 이용하여 사업을 경영하는 사람
23. 방문동거 (F-1)	가. 친척 방문, 가족 동거, 피부양(被扶養), 가사정리, 그 밖에 이와 유사한 목적으로 체류하려는 사람으로서 법무부장관이 인정하는 사람 나. 다음의 어느 하나에 해당하는 사람의 가사보조인 1) 외교(A-1), 공무(A-2) 체류자격에 해당하는 사람 2) 미화 50만 달러 이상을 투자한 외국투자가(법인인 경우 그 임직원을 포함한다)로서 기업투자(D-8), 거주(F-2), 영주(F-5), 결혼이민(F-6) 체류자격에 해당하는 사람 3) 인공지능(AI), 정보기술(IT), 전자상거래 등 기업정보화(e-business), 생물산업(BT), 나노기술(NT) 분야 등 법무부장관이 정하는 첨단 · 정보기술 업체

	에 투자한 외국투자가(법인인 경우 그 임직원을 포함한다)로서 기업투자(D-8), 거주(F-2), 영주(F-5), 결혼이민(F-6) 체류자격에 해당하는 사람 4) 취재(D-5), 주재(D-7), 무역경영(D-9), 교수(E-1)부터 특정활동(E-7)까지의 체류자격에 해당하거나 그 체류자격에서 거주(F-2) 바목 또는 별표 1의3 영주(F-5) 제1호의 체류자격으로 변경한 전문인력으로서 법무부장관이 인정하는 사람 다. 외교(A-1)부터 협정(A-3)까지의 체류자격에 해당하는 사람의 동일한 세대에 속하지 않는 동거인으로서 그 체류의 필요성을 법무부장관이 인정하는 사람 라. 그 밖에 부득이한 사유로 직업활동에 종사하지 않고 대한민국에 장기간 체류하여야 할 사정이 있다고 인정되는 사람
24. 거주(F-2)	가. 국민의 미성년 외국인 자녀 또는 별표 1의3 영주(F-5) 체류자격을 가지고 있는 사람의 배우자 및 그의 미성년 자녀 나. 국민과 혼인관계(사실상의 혼인관계를 포함한다)에서 출생한 사람으로서 법무부장관이 인정하는 사람 다. 난민의 인정을 받은 사람 라. 「외국인투자 촉진법」에 따른 외국투자가 등으로 다음의 어느 하나에 해당하는 사람 1) 미화 50만 달러 이상을 투자한 외국인으로서 기업투자(D-8) 체류자격으로 3년 이상 계속 체류하고 있는 사람 2) 미화 50만 달러 이상을 투자한 외국법인이 「외국인투자 촉진법」에 따른 국내 외국인투자기업에 파견한 임직원으로서 3년 이상 계속 체류하고 있는 사람 3) 미화 30만 달러 이상을 투자한 외국인으로서 2명 이상의 국민을 고용하고 있는 사람 마. 별표 1의3 영주(F-5) 체류자격을 상실한 사람 중 국내 생활관계의 권익보호 등을 고려하여 법무부장관이 국내에서 계속 체류하여야 할 필요가 있다고 인정하는 사람(강제퇴거된 사람은 제외한다) 바. 외교(A-1)부터 협정(A-3)까지의 체류자격 외의 체류자격으로 대한민국에 5년 이상 계속 체류하여 생활 근거지가 국내에 있는 사람으로서 법무부장관이 인정하는 사람 사. 비전문취업(E-9), 선원취업(E-10) 또는 방문취업(H-2) 체류자격으로 취업활동을 하고 있는 사람으로서 과거 10년 이내에 법무부장관이 정하는 체류자격으로 4년 이상의 기간 동안 취업활동을 한 사실이 있는 사람 중 다음 요건을 모두 갖춘 사람 1) 법무부장관이 정하는 기술·기능 자격증을 가지고 있거나 일정 금액 이상의 임금을 국내에서 받고 있을 것(기술·기능 자격증의 종류 및 임금의 기준에 관하여는 법무부장관이 관계 중앙행정기관의 장과 협의하여 고시한다) 2) 법무부장관이 정하는 금액 이상의 자산을 가지고 있을 것 3) 대한민국 「민법」에 따른 성년으로서 품행이 단정하고 대한민국에서 거주하는 데 필요한 기본 소양을 갖추고 있을 것 아. 「국가공무원법」 또는 「지방공무원법」에 따라 공무원으로 임용된 사람으로서 법무부장관이 인정하는 사람 자. 나이, 학력, 소득 등이 법무부장관이 정하여 고시하는 기준에 해당하는 사람

	차. 투자지역, 투자대상, 투자금액 등 법무부장관이 정하여 고시하는 기준에 따라 부동산 등 자산에 투자한 사람 또는 법인의 임원, 주주 등으로서 법무부장관이 인정하는 외국인. 이 경우 법인에 대해서는 법무부장관이 투자금액 등을 고려하여 체류자격 부여인원을 정한다. 카. 자목이나 차목에 해당하는 사람의 배우자 및 자녀(법무부장관이 정하는 요건을 갖춘 자녀만 해당한다)
25. 동반(F-3)	문화예술(D-1)부터 특정활동(E-7)까지의 체류자격에 해당하는 사람의 배우자 및 미성년 자녀로서 배우자가 없는 사람[기술연수(D-3) 체류자격에 해당하는 사람은 제외한다]
26. 재외동포 (F-4)	「재외동포의 출입국과 법적 지위에 관한 법률」 제2조제2호에 해당하는 사람(단순 노무행위 등 이 영 제23조제3항 각 호에서 규정한 취업활동에 종사하려는 사람은 제외한다)
27. 결혼이민 (F-6)	가. 국민의 배우자 나. 국민과 혼인관계(사실상의 혼인관계를 포함한다)에서 출생한 자녀를 양육하고 있는 부 또는 모로서 법무부장관이 인정하는 사람 다. 국민인 배우자와 혼인한 상태로 국내에 체류하던 중 그 배우자의 사망이나 실종, 그 밖에 자신에게 책임이 없는 사유로 정상적인 혼인관계를 유지할 수 없는 사람으로서 법무부장관이 인정하는 사람
28. 관광취업 (H-1)	대한민국과 "관광취업"에 관한 협정이나 양해각서 등을 체결한 국가의 국민으로서 협정 등의 내용에 따라 관광과 취업활동을 하려는 사람(협정 등의 취지에 반하는 업종이나 국내법에 따라 일정한 자격요건을 갖추어야 하는 직종에 취업하려는 사람은 제외한다)
29. 방문취업 (H-2)	가. 체류자격에 해당하는 사람: 「재외동포의 출입국과 법적 지위에 관한 법률」 제2조제2호에 따른 외국국적동포(이하 "외국국적동포"라 한다)에 해당하고, 다음의 어느 하나에 해당하는 18세 이상인 사람 중에서 나목의 활동범위 내에서 체류하려는 사람으로서 법무부장관이 인정하는 사람[재외동포(F-4) 체류자격에 해당하는 사람은 제외한다] 1) 출생 당시에 대한민국 국민이었던 사람으로서 가족관계등록부, 폐쇄등록부 또는 제적부에 등재되어 있는 사람 및 그 직계비속 2) 국내에 주소를 둔 대한민국 국민 또는 별표 1의3 영주(F-5) 제5호에 해당하는 사람의 8촌 이내의 혈족 또는 4촌 이내의 인척으로부터 초청을 받은 사람 3) 「국가유공자 등 예우 및 지원에 관한 법률」 제4조에 따른 국가유공자와 그 유족 등에 해당하거나 「독립유공자예우에 관한 법률」 제4조에 따른 독립유공자와 그 유족 또는 그 가족에 해당하는 사람 4) 대한민국에 특별한 공로가 있거나 대한민국의 국익 증진에 기여한 사람 5) 유학(D-2) 체류자격으로 1학기 이상 재학 중인 사람의 부모 및 배우자 6) 국내 외국인의 체류질서 유지를 위하여 법무부장관이 정하는 기준 및 절차에 따라 자진하여 출국한 사람 7) 1)부터 6)까지의 규정에 해당하지 않는 사람으로서 법무부장관이 정하여 고시하는 한국어시험, 추첨 등의 절차에 따라 선정된 사람 나. 활동범위

1) 방문, 친척과의 일시 동거, 관광, 요양, 견학, 친선경기, 비영리 문화예술활동, 회의 참석, 학술자료 수집, 시장조사 · 업무연락 · 계약 등 상업적 용무, 그 밖에 이와 유사한 목적의 활동
2) 한국표준산업분류표에 따른 다음의 산업 분야에서의 활동
   가) 작물 재배업(011)
   나) 축산업(012)
   다) 작물재배 및 축산 관련 서비스업(014)
   라) 연근해 어업(03112)
   마) 양식 어업(0321)
   바) 천일염 생산 및 암염 채취업(07220)
   사) 제조업(10~34). 다만, 상시 사용하는 근로자 수가 300명 미만이거나 자본금이 80억원 이하인 경우에만 해당한다.
   아) 하수, 폐수 및 분뇨 처리업(37)
   자) 폐기물 수집, 운반, 처리 및 원료재생업(38)
   차) 건설업(41~42). 다만, 발전소 · 제철소 · 석유화학 건설현장의 건설업체 중 업종이 산업 · 환경설비 공사인 경우는 제외한다.
   카) 육지동물 및 애완동물 도매업(46205)
   타) 기타 산업용 농산물 도매업(46209)
   파) 생활용품 도매업(464)
   하) 기계장비 및 관련 물품 도매업(465)
   거) 재생용 재료 수집 및 판매업(46791)
   너) 기타 생활용품 소매업(475)
   더) 기타 상품 전문 소매업(478)
   러) 무점포 소매업(479)
   머) 육상 여객 운송업(492)
   버) 냉장 및 냉동 창고업(52102). 다만, 내륙에 위치한 업체에 한정한다.
   서) 호텔업(55101). 다만, 「관광진흥법」에 따른 호텔업은 1등급 · 2등급 및 3등급의 호텔업으로 한정한다.
   어) 여관업(55102)
   저) 한식 음식점업(5611)
   처) 외국인 음식점업(5612)
   커) 기타 간이 음식점업(5619)
   터) 서적, 잡지 및 기타 인쇄물 출판업(581)
   퍼) 음악 및 기타 오디오물 출판업(59201)
   허) 사업시설 유지관리 서비스업(741)
   고) 건축물 일반 청소업(74211)
   노) 산업설비, 운송장비 및 공공장소 청소업(74212)
   도) 여행사 및 기타 여행보조 서비스업(752)
   로) 사회복지 서비스업(87)
   모) 자동차 종합 수리업(95211)
   보) 자동차 전문 수리업(95212)
   소) 모터사이클 수리업(9522)
   오) 욕탕업(96121)

	조) 산업용 세탁업(96911) 초) 개인 간병 및 유사 서비스업(96993) 코) 가구 내 고용활동(97)
30. 기타(G-1)	별표 1, 이 표 중 외교(A-1)부터 방문취업(H-2)까지 또는 별표 1의3의 체류자격에 해당하지 않는 사람으로서 법무부장관이 인정하는 사람

한편 영주자격은 특정한 체류자격—주재(D-7), 기업투자(D-8), 무역경영(D-9), 구직(D-10), 교수(E-1), 회화지도(E-2), 연구(E-3), 기술지도(E-4), 전문직업(E-5), 예술흥행(E-6), 특정활동(E-7), 거주(F-2)—으로 5년 이상 대한민국에 체류하고 있는 사람에게 부여되는 것으로 활동 범위와 반경에 제한이 없다. 대한민국에서 외국인의 신분으로 귀화 직전 최상의 법적 지위를 보유하게 되는 영주권에 대해서는 다음 장에서 더 상세히 알아보고자 한다.

제3절 영주권과 귀화제도

1. 영주권

국가가 국민이 아닌 외국인에게 특별한 요건이나 신분 또는 자격을 갖춘 경우, 그의 국적과 상관없이 영구적으로(무기한체류) 또는 장기적으로 체류(장기체류)할 수 있도록 자격을 부여하는 영주제도는 일반적으로 영주권이라는 권리적 성격을 지니고 있다(차용호, 2015). 이는 외국인이 본인의 국적을 그대로 유지하면서 유입국에서 적법하게 장기적으로 또는 영구적으로 체류할 수 있는 체류자격을 획득하는 것으로 외국인에게 부여될 수 있는 최상의 법적 지위를 의미한다. 우리나라의 경우 화교 사회의 형성과 이들의 정착 과정에서 영주권 제도가 필요하다는 목소리가 높아졌으나 영주자격인 F-5의 신설은 2002년 4월 18일에 「출입국관리법 시행령」이 개정되면서부터이다(우기택 · 남하균, 2018). 출입국관리법상 영주자격은 "대한민국에 영주(永住)할 수 있는 체류자격"을 뜻하며, 영주자격이 있는 외국인은 대한민국에서의 활동 범위나 체류 기간에서 제한을 받지 않게 된다(출입국관리법, 제10조). 영주 자격을 부여받은 이른바 영주권자는 외국인이지만 대한민국 국민과 가장 근접한 지위를 갖추고 있다 할 수 있다(우기택 · 남하균, 2018). 다만 국가가 외국인에게 부여하는 영주자격은 국적 정책의 차원이 아니라 외국인에 대한 출입국관리정책의 차원으로 이루어지는 것으로 대한민국의 경우 영주자격의 신분이 존속하는 기간까지 체류기간의 연장허가 신청의무가 면제되고, 체류자격의 구분에 따른 활동의 제한을 받지 않으므로 취업에 대한 제한 없이 국내에서 자유로운 경제활동이 보장된다(차용호, 2015). 출입국관리법 시행령 별표 1의3(개정: 2020년 8월 5일)에 의하면 영주자격(F-5)에 부합하는 사람은 출입국관리법 제46조제1항(강제퇴거의 대상자) 어느 하나에도 해당하지 않으면서 다음의 요건 중 적어도 하나에 해당하는 사람이다(〈표 3-3〉 참조).

이러한 영주자격은 재외공관에서 입국사증의 형태로 받거나 대한민국에서 체류하다가 체류 자격을 변경하는 형태로 취득할 수 있는데, 후자의 경우가 지금껏 대부분이었다(정기선 외, 2012; 송소영, 2011). 영주권은 체류 외국인에 대한 사회통합과정의 최상의 단계로 귀화를 통해 국적을 취득하기 직전의 지위를 보장하는 권리이다. 영주권은 ① 영구적, 혹은 장기적인 체류의 권리(출입국관리법, 30조), ② 법에 의

〈표 3-3〉 영주자격(출입국관리법 시행령 [별표 1의 3], 〈개정 2020.8.5.〉)

체류자격(기호)	영주자격에 부합하는 사람의 범위
영주 (F-5)	법 제46조제1항 각 호의 어느 하나에 해당하지 않는 사람으로서 다음 각 호의 어느 하나에 해당하는 사람 1. 대한민국「민법」에 따른 성년으로서 별표 1의2 중 10. 주재(D-7)부터 20. 특정활동(E-7)까지의 체류자격이나 별표 1의2 중 24. 거주(F-2) 체류자격으로 5년 이상 대한민국에 체류하고 있는 사람 2. 국민 또는 영주자격(F-5)을 가진 사람의 배우자 또는 미성년 자녀로서 대한민국에 2년 이상 체류하고 있는 사람 및 대한민국에서 출생한 것을 이유로 법 제23조에 따라 체류자격 부여 신청을 한 사람으로서 출생 당시 그의 부 또는 모가 영주자격(F-5)으로 대한민국에 체류하고 있는 사람 중 법무부장관이 인정하는 사람 3.「외국인투자 촉진법」에 따라 미화 50만 달러를 투자한 외국인투자가로서 5명 이상의 국민을 고용하고 있는 사람 4. 별표 1의2 중 26. 재외동포(F-4) 체류자격으로 대한민국에 2년 이상 계속 체류하고 있는 사람으로서 대한민국에 계속 거주할 필요가 있다고 법무부장관이 인정하는 사람 5.「재외동포의 출입국과 법적 지위에 관한 법률」 제2조제2호의 외국국적동포로서「국적법」에 따른 국적 취득 요건(같은 법 제5조제1호의2에 따른 요건은 제외한다)을 갖춘 사람 6. 종전「출입국관리법 시행령」(대통령령 제17579호로 일부개정되어 2002. 4. 18. 공포 · 시행되기 이전의 것을 말한다) 별표 1 제27호란의 거주(F-2) 체류자격(이에 해당되는 종전의 체류자격을 가진 적이 있는 사람을 포함한다)이 있었던 사람으로서 대한민국에 계속 거주할 필요가 있다고 법무부장관이 인정하는 사람 7. 다음 각 목의 어느 하나에 해당하는 사람으로서 법무부장관이 인정하는 사람 가. 국외에서 일정 분야의 박사 학위를 취득한 사람으로서 영주자격(F-5) 신청 시 국내 기업 등에 고용된 사람 나. 국내 대학원에서 정규과정을 마치고 박사학위를 취득한 사람 8. 법무부장관이 정하는 분야의 학사 학위 이상의 학위증 또는 법무부장관이 정하는 기술자격증이 있는 사람으로서 국내 체류기간이 3년 이상이고, 영주자격(F-5) 신청 시 국내기업에 고용되어 법무부장관이 정하는 금액 이상의 임금을 받는 사람 9. 과학 · 경영 · 교육 · 문화예술 · 체육 등 특정 분야에서 탁월한 능력이 있는 사람 중 법무부장관이 인정하는 사람 10. 대한민국에 특별한 공로가 있다고 법무부장관이 인정하는 사람 11. 60세 이상으로서 법무부장관이 정하는 금액 이상의 연금을 국외로부터 받고 있는 사람 12. 별표 1의2 중 29. 방문취업(H-2) 체류자격으로 취업활동을 하고 있는 사람으로서 같은 표 중 24. 거주(F-2)란의 사목 1)부터 3)까지의 요건을 모두 갖추고 있는 사람 중 근속기간이나 취업지역, 산업 분야의 특성, 인력 부족 상황 및 국민의 취업 선호도 등을 고려하여 법무부장관이 인정하는 사람 13. 별표 1의2 중 24. 거주(F-2) 자목에 해당하는 체류자격으로 대한민국에서 3년 이상 체류하고 있는 사람으로서 대한민국에 계속 거주할 필요가 있다고 법무부장관이 인정하는 사람 14. 별표 1의2 중 24. 거주(F-2) 차목에 해당하는 체류자격을 받은 후 5년 이상 계속 투자 상태를 유지하고 있는 사람으로서 대한민국에 계속 거주할 필요가 있다고 법무부장관이 인정하는 사람과 그 배우자 및 자녀(법무부장관이 정하는 요건을 갖춘 자녀만 해당한다) 15. 별표 1의2 중 11. 기업투자(D-8) 다목에 해당하는 체류자격으로 대한민국에 3년 이상 계속 체류하고 있는 사람으로서 투자자로부터 3억원 이상의 투자금을 유치하고 2명 이상의 국민을 고용하는 등 법무부장관이 정하는 요건을 갖춘 사람 16. 5년 이상 투자 상태를 유지할 것을 조건으로 법무부장관이 정하여 고시하는 금액 이상을 투자한 사람과 그 배우자 및 자녀로서 법무부장관이 정하는 요건을 갖춘 사람 17. 별표 1의2 중 11. 기업투자(D-8) 가목에 해당하는 체류자격을 가지고「외국인투자촉진법 시행령」 제25조제1항제4호에 따른 연구개발시설의 필수전문인력으로 대한민국에 3년 이상 계속 체류하고 있는 사람으로서 법무부장관이 인정하는 사람 18. 별표 1의2 중 24. 거주(F-2) 다목에 해당하는 체류자격으로 2년 이상 대한민국에 체류하고 있는 사람

하지 않고 국외로 추방되지 않을 권리(출입국관리법, 46조), ③ 구직, 취업 창업의 권리(재한외국인처우기본법, 13조), ④ 기술 습득 및 교육을 받을 권리(재한외국인처우기본법, 13조 2항), ⑤ 사회보장 혜택 및 건강서비스를 제공 받을 권리(국민연금법 126조, 국민건강보험법 93조2항, 국민건강보험법 시행령 64조), ⑥ 선거권과 피선거권의 정치적 권리(공직선거법 15조 2항 3호)를 주 내용으로 포함하고 있다(최현, 2010).

우리나라의 경우 영주권은 처음의 논의가 대한민국에 거주하는 화교들에 대한 보호를 목적으로 시작되었으나 이들이 귀화를 원하지 않아 귀화에 대한 고려가 전제되어 있지 않은 제도였다. 따라서 2002년 처음 도입될 당시 영주권 제도는 국적 취득이나 귀화제도와의 연계 없이 장기체류를 원하는 외국인에게 장기체류할 수 있는 출입국관리법상의 지위를 부여하는 것으로 체류 이외의 권한들은 매우 제한적이었고 화교 이외의 외국인들이 영주권을 획득하는 것은 매우 어려운 일이었다(차용호, 2015). 또한, 영주권 취득 요건인 언어, 소득, 고용, 범죄 유무가 대한민국 영주권 취득과 귀화에 공통적으로 요구되고 있으므로 실질적으로 영주권의 신청과 귀화 신청이 큰 차이를 보이지 않고 있다(정기선 외, 2012). 이후 법 개정을 통해 영주권 제도는 의료보험과 연금, 교육과 금융 거래에서의 권리를 확대해 나가고, 부자자나 외국인 전문인력의 장기체류뿐만 아니라 제조업이나 농축어업에 종사하는 장기근속 외국인들에게도 영주자격을 허용(권오정 · 김석호, 2016)하면서 2019년 말 영주자격 체류 외국인의 수는 15만 3천 명으로 증가하게 되었다(법무부, 2020a).

2. 귀화제도

귀화는 외국인이 국민이 될 것을 지망하여 국가가 이에 대한 국적을 부여하는 것을 뜻한다(이철우 외, 2019). 국적법은 대한민국 국적을 취득한 사실이 없는 외국인은 법무부장관의 귀화 허가를 받아 대한민국 국적을 취득할 수 있다고 규정한다(제4조 제1항). 국적법에서 귀화에 의한 국적 취득의 유형은 일반귀화, 간이귀화, 특별귀화의 세 가지로 구별되며 일반귀화에는 영주권 전치주의가 적용된다. 영주권 전치주의, 즉 영주자격 전치제는 지금까지 대한민국의 영주제도와 귀화제도가 연계되지 않다 보니 둘의 취득 요건이 비슷하거나 영주자격 취득이 귀화 허가보다 더 어렵다는 모순 등에 부딪히면서 비롯되었다(송소영, 2011). 영주자격 전치주의는 2012년 6월 법무부가 현행 영주자격 및 귀화제도 개선을 위해 도입을 추진했으나 한차례 무산되었었다(우기택 · 남하균, 2018). 그러다 2016년 11월 법무부는 다시금 개정안을 제출하였고 2017년 12월 19일에 「국적법」, 2018년 3월 20일에는 「출입국관리법」에서 각각 개정된다. 2012년 당시 법무부에서 개정을 추진했던 이유는 ① 국어 능력이나 한국 사회 이해 등 대한민국 국민이 되기 위한 준비가 덜 된 국민이 양산됨에 따라 사회갈등 및 사회통합 비용 증가 등 장기적으로 봤을 때 사회적 문제가 발생한다는 것, ② 형식적 귀화 거주요건을 쉽게 갖추어 귀화 신청을 함으로써 실질 심사의 부담과 이로 인한 심사기간의 장기화로 이른바 선량한 귀화신청자에게 불이익을 초래할 수 있다는 것, ③ 귀화제도가 대한민국에서 장기체류하려는 방편으로 활용된다는 것 등이었다(우기택 · 남하균, 2018; 송소영, 2011). 이에 2012년 추진했던 개정안에서는 귀화 신청에 앞서 최소 1~3년 동안 영주자격을 보유하도록 하는 것과 영주자격자에게 영주증을 발급하고 7년마다 갱신하도록 하였다(우기택 · 남하균, 2018). 그러나 최종적으로 채택된 2018년 개정안에서는 영주자격 전치주의 골자는 그대로 유지하되 영주자격 보유 기간을 추가로 요구하지는 않는다. 2018년 말부터 시행하게 된 영주자격 전치주의는 귀화 허가를 신청할 때 "대한민국에서 영주할 수 있는 체류자격"을 가지고 있을 것이 요구되었고 영주자격으로 일정 기간을 체류하는 것을 요구하지 않고 귀화 허가를 신청할 당시에만 영주자격을 보유할 것을 요건으로 삼는 것을 의미한다(이철우 외, 2019). 일반귀화에는 영주자격 전치주의가 적용되지만, 간이귀화 및 특별귀화에는 예전과 똑같이 영주자격을 보유하지 않아도 된다. 일반귀화, 간이귀화 및 특별귀화에 대한 각각의 요건들은 다음과 같다(국적법 제5조, 제6조, 제7조).

국적법 제5조(일반귀화요건) 외국인이 귀화허가를 받기 위하여서는 제6조나 제7조에 해당하는 경우 외에는 다음 각 호의 요건을 갖추어야 한다.

1. 5년 이상 계속하여 대한민국에 주소가 있을 것

1의 2. 대한민국에서 영주할 수 있는 체류자격을 가지고 있을 것

2. 대한민국의 민법상 성년일 것
3. 법령을 준수하는 등 법무부령으로 정하는 품행 단정의 요건을 갖출 것
4. 자신의 자산이나 기능에 의하거나 생계를 같이하는 가족에 의존하여 생계를 유지할 능력이 있을 것
5. 국어능력과 대한민국의 풍습에 대한 이해 등 대한민국 국민으로서의 기본 소양을 갖추고 있을 것
6. 귀화를 허가하는 것이 국가안전보장 · 질서유지 또는 공공복리를 해치지 아니한다고 법무부장관이 인정할 것

국적법 제6조(간이귀화요건) ① 다음 각 호의 어느 하나에 해당하는 외국인으로서 대한민국에 3년 이상 계속하여 주소가 있는 사람은 제5조제1호 및 제1호의2의 요건을 갖추지 아니하여도 귀화허가를 받을 수 있다.

1. 부 또는 모가 대한민국의 국민이었던 사람
2. 대한민국에서 출생한 사람으로서 부 또는 모가 대한민국에서 출생한 사람
3. 대한민국 국민의 양자(養子)로서 입양 당시 대한민국의 민법상 성년이었던 사람

② 배우자가 대한민국의 국민인 외국인으로서 다음 각 호의 어느 하나에 해당하는 사람은 제5조제1호 및 제1호의2의 요건을 갖추지 아니하여도 귀화허가를 받을 수 있다.

1. 그 배우자와 혼인한 상태로 대한민국에 2년 이상 계속하여 주소가 있는 사람
2. 그 배우자와 혼인한 후 3년이 지나고 혼인한 상태로 대한민국에 1년 이상 계속하여 주소가 있는 사람
3. 제1호나 제2호의 기간을 채우지 못하였으나, 그 배우자와 혼인한 상태로 대한민국에 주소를 두고 있던 중 그 배우자의 사망이나 실종 또는 그 밖에 자신에게 책임이 없는 사유로 정상적인 혼인 생활을 할 수 없었던 사람으로서 제1호나 제2호의 잔여기간을 채웠고 법무부장관이 상당(相當)하다고 인정하는 사람
4. 제1호나 제2호의 요건을 충족하지 못하였으나, 그 배우자와의 혼인에 따라 출생한 미성년의 자(子)를 양육하고 있거나 양육하여야 할 사람으로서 제1호나 제2호의 기간을 채웠고 법무부장관이 상당하다고 인정하는 사람

국적법 제7조(특별귀화요건) ① 다음 각 호의 어느 하나에 해당하는 외국인으로서 대한민국에 주소가 있는 자는 제5조제1호 · 제1호의2 · 제2호 또는 제4호의 요건을 갖추지 아니하여도 귀화허가를 받을 수 있다.

1. 부 또는 모가 대한민국의 국민인 사람. 다만, 양자로서 대한민국의 민법상 성년이 된 후에 입양된 사람은 제외한다.
2. 대한민국에 특별한 공로가 있는 사람

3. 과학 · 경제 · 문화 · 체육 등 특정 분야에서 매우 우수한 능력을 보유한 사람으로서 대한민국의 국익에 기여할 것으로 인정되는 사람

② 제1항 제2호 및 제3호에 해당하는 사람을 정하는 기준 및 절차는 대통령령으로 정한다.

법무부장관은 대한민국의 국적을 한 번도 취득한 사실이 없는 외국인으로부터 귀화 허가 신청을 받으면 일반귀화, 간이귀화, 특별귀화의 귀화 요건을 갖추었는지 심사한 후 요건을 갖춘 자에 한하여 귀화를 허가하고 법무부장관의 귀화 허가를 받은 자는 그 허가를 받은 때에 대한민국의 국적을 취득한다(차용호, 2015). 대한민국 국적을 취득한 사람은 일반적으로 1년 이내에 다른 외국 국적을 포기하게 되어 있으나(국적법 제10조, 국적 취득자의 외국 국적 포기 의무) 제한된 복수국적 허용이 2010년부터 가능해지면서 대한민국에서 외국 국적을 행사하지 않겠다는 서약인 '외국국적불행사서약'을 하면 다른 외국 국적, 즉 본국의 국적을 포기하지 않아도 된다(한태희, 2019). 복수국적자(複數國籍者)는 대한민국의 법령 적용 시 대한민국 국민으로만 처우받으며 외국 국적을 보유한 상태로 대한민국 내 직무 수행이 불가능하면 외국 국적을 포기해야만 한다(국적법 제11조). 또한, 만 20세가 되기 전에 복수국적자가 된 사람(선천적 복수국적자)은 만 22세가 되기 전까지, 만 20세가 된 후에 복수국적자가 된 사람은 취득 시점으로부터 2년 이내에 하나의 국적만을 선택해야 하며 앞서 언급하였던 외국국적불행사서약을 한 경우는 예외로 적용된다. 귀화 허가를 받은 사람은 귀화선서를 하고 귀화증서를 받음으로써 대한민국 국민이 되어 선천적 국적 취득자와 동등하게 국민으로서의 권리와 의무를 가지지만, 그가 원 국적을 포기하거나 포기에 갈음하여 외국국적불행사서

약을 하기 전에는 출입국과 체류, 주민등록 또는 여권발급 등에서 국민으로서의 처우를 제한받을 수도 있다(이철우 외, 2019).

1948년 국적법이 제정된 이후 2019년 말까지 귀화 허가 또는 국적회복 허가를 받아 대한민국의 국적을 취득한 사람은 25만 3천여 명으로 보고된다(법무부, 2020a: 58). 〈그림 3-1〉은 연도별 귀화자 현황을 보여준다. 2008년 만 명대를 보이던 귀화자 현황은 2009년에는 25,044명으로 나타나 정부 수립 이후 최대 인원이 대한민국 국적을 취득하였다. 반면, 2010년부터 국적 취득 요건을 갖춘 외국 국적 동포에 대한 영주자격 취득이 허용되면서 상당수의 귀화 신청 외국 국적 동포들이 이를 취하하고 영주자격으로 신청을 변경하였고 이에 따라 2012년 이후 귀화자는 연평균 약 1만 명 수준을 유지하고 있다.

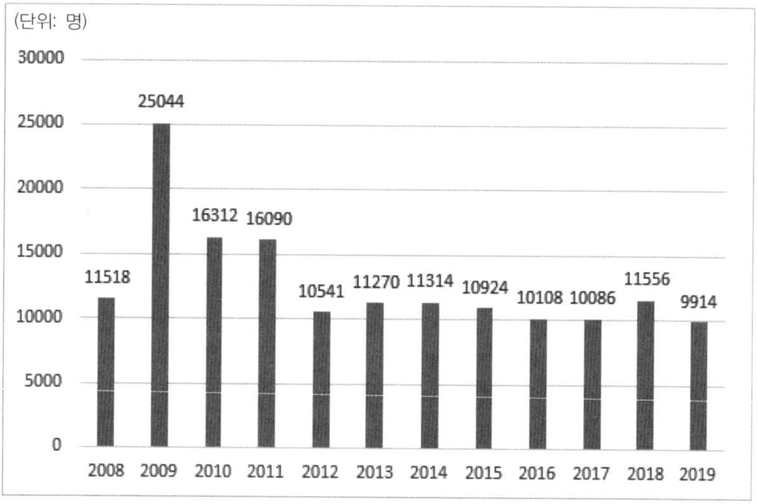

자료: 출입국·외국인정책 통계연보, 각 연도.

〈그림 3-1〉 연도별 귀화자 현황

제4장

이민자 실태 및 욕구 분석

제4장 이민자 실태 및 욕구 분석

본 장에서는 이민자 실태 및 욕구 분석을 위해 결혼이민자, 외국인 근로자, 영주권자에 대한 경험적 분석을 실시하고자 한다. 대상별 분석자료는 해당 집단을 조사한 전국 단위의 표본 조사 및 연구 데이터를 활용하고자 한다.

제1절 결혼이민자 실태 및 욕구 분석

1. 국제결혼의 현황과 결혼이주여성 개요

개인이 국경을 넘는 이민(migration)의 목적은 매우 다양하나 노동과 혼인을 위한 이동과 유입이 큰 동인이 된다고 볼 수 있다. 체류외국인 중 국민의 배우자 체류자격을 가진 외국인을 의미하는 결혼이민자는 대한민국 국민과 혼인한 적이 있거나 혼인 관계에 있는 합법적인 재한외국인을 의미한다(이철우 외, 2019). 한국사회는 2000년대를 계기로 혼인을 매개로 한 이민자의 국내 유입이 증가하게 되는데 특히 한국인 남성과 외국인 여성으로 이루어지는 국제결혼이 다수를 이

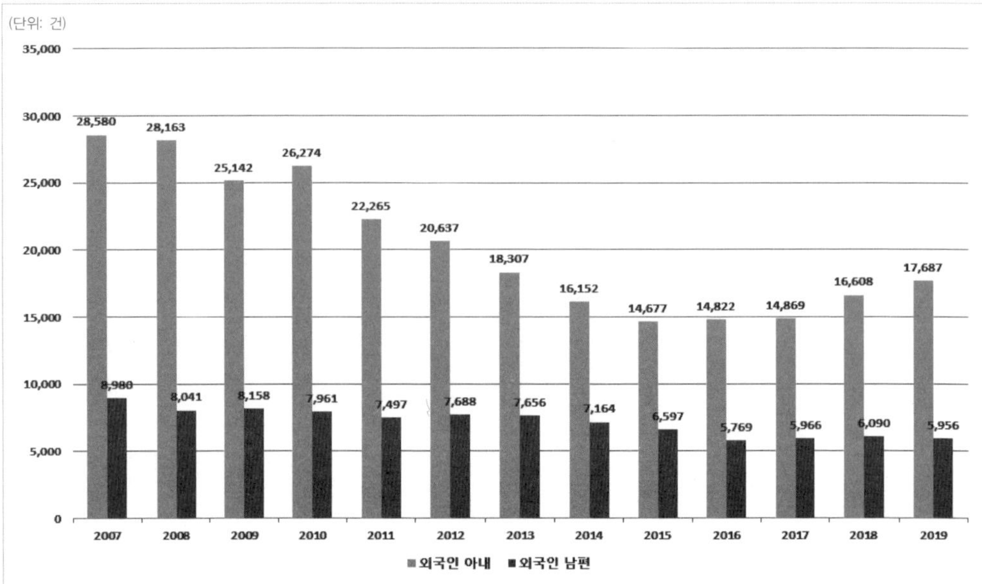

자료: 인구동태통계연보, 각 연도.

〈그림 4-1〉 국제결혼 현황

루고 있다.

1990년대 농촌 총각들의 결혼난 해결을 위해 조선족 또는 한국계 중국 여성들과 이들을 맺어주고자 하는 노력들이 각광을 받기 시작하였고 이후 한국인 남성들과 외국인 여성들과의 국제결혼은 급증하기 시작하였다. 특히 2003년 지방자치단체 등의 적극적인 한국 남성의 국제결혼 장려와 이에 동승한 영리를 목적으로 하는 결혼중개업자들이 결합하면서 국제결혼은 증폭하게 된다(김현미, 2016). 그러나 국제결혼중개업체와 관련해 많은 피해사례 또한 급증하면서 2007년 국제결혼중개업자에 대한 영업 신고 및 등록제도가 도입되고 규제가 강화되면서 국제결혼은 감소추세를 보이기 시작한다. 2007년 이후 꾸준

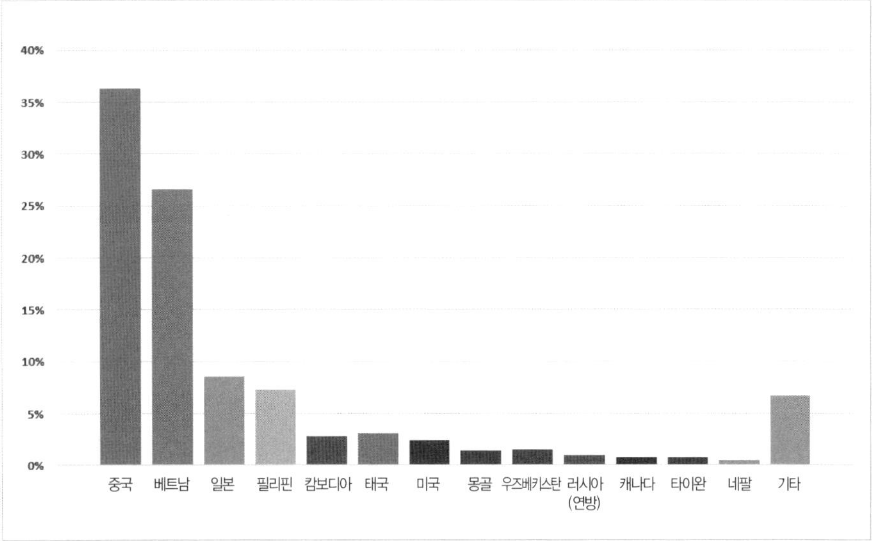

자료: 법무부(2020a).

〈그림 4-2〉 국적 · 지역별 결혼이민자 현황

한 감소세를 보이던 국제결혼 현황은 2014년 4월 국제결혼 안내프로그램 이수 의무화, 결혼이민 사증발급 심사 강화 등 국제결혼 건전화를 위한 다양한 조치 등의 실시와 함께 안정세를 보이고 있다. 2005년 42,356건으로 가장 높은 국제결혼 건수를 보인 이후 점차 줄어들어 2019년 23,643건을 기록하고 있다(〈그림 4-1〉 참조). 2019년의 경우 외국인 아내와의 혼인 건수는 17,687건으로 외국인 남편과의 혼인 건수에 비해 약 3배가량 많은 건수를 보이고 있다. 이러한 결혼이민자의 빠른 증가는 우리사회 내 다문화가족과 다문화사회로의 담론을 불러일으켰으며 나아가 이민자 사회통합이라는 정책적 필요에 근거를 제시하게 되었다. 〈그림 4-2〉의 결혼이민자의 국적 및 지역별 현황을 살펴보면, 중국이 36.3%로 가장 많으며, 베트남이

26.6%로 뒤를 이어 많은 수를 보이고 있다. 그 뒤로 일본과 필리핀 출신의 결혼이민자들이 다수를 차지하고 있다.

2019년도 한국인과의 혼인을 통해 귀화한 혼인귀화자의 경우 전체 귀화자 9,914명 중 60.7%인 6,027명을 나타내고 있다(법무부, 2020a: 62). 이들의 출신 국가를 살펴보면 베트남이 3,651명, 중국이 1,174명으로 베트남과 중국이 혼인귀화자의 80%를 차지하고 있어 혼인귀화자 중 대다수가 베트남과 중국 출신의 귀화자임을 알 수 있다. 〈그림 4-3〉은 각 국가별 혼인귀화자의 연도별 변화를 보여주는데, 2015년 약 45%를 차지하던 중국 출신의 혼인귀화자 비율은 점차 줄어들어 2019년에는 19.5%를 보이고 있는 반면, 베트남 출신의 혼인귀화자는 점차 증가하여 2019년 혼인귀화자의 약 61%를 차지하며 가장 큰 비중을 보이고 있다.

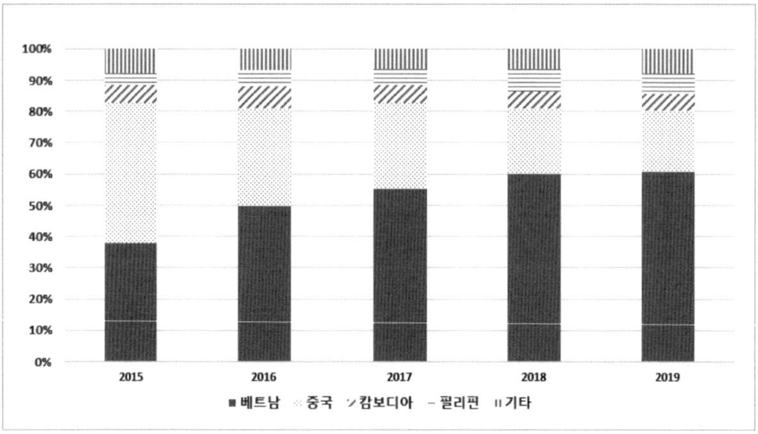

자료: 법무부(2020a).

〈그림 4-3〉 국가별 혼인귀화자 현황

2. 결혼이민자 실태 및 현황

결혼이민자의 실태 및 욕구파악을 위해서 전국다문화가족 실태조사와 2019년 이민자 체류실태 및 고용조사의 원자료를 분석한다. 전국다문화가족 실태조사는 다문화가족에 대해 전국적으로 실시한 최초의 전수조사로, 설문 조사결과 총 73,699가구에 대한 정보를 포함하고 있는 유용한 조사자료이다(김승권 외, 2010). 조사대상자는 다문화가족을 이루고 있는 외국인 배우자로 이들의 결혼 전 국적, 교육수준, 배우자 교육 수준, 본인 및 배우자 취업 여부, 국적 취득 여부, 월평균 가구소득, 본인 및 배우자 평균 연령을 중심으로 대상자의 특성을 파악하였다. 조사내용으로는 입국 시기, 한국어 능력 등 결혼이주여성의 개인적 특성뿐만 아니라 다문화가족의 주거와 경제적 상태, 취업, 결혼생활 및 가족관계, 건강, 사회적 연결망, 복지실태와 욕구 등 다문화가족에 대한 방대한 정보를 포함하고 있다. 만 15세 이상 외국인과 최근 5년 이내 귀화 허가를 받은 귀화허가자를 조사대상으로 하는 이민자 체류실태 및 고용조사는 고용, 교육, 주거 및 생활환경, 소득, 소비, 자녀교육, 체류 사항 등 한국에 거주하고 있는 외국인과 귀화허가자의 최근 현황을 분석할 수 있는 자료이다(통계청, 2019). 조사 데이터를 기초로 결혼이민자의 사회·인구학적 특성을 살펴보면 〈표 4-1〉과 같다.

국제결혼이민자의 경우 외국인 결혼이주여성의 비율이 결혼이주남성에 비해 월등히 높아 2010년의 경우 거의 95%를 차지하고 있어 다문화 가구 20가구 중 19가구는 한국 남성 배우자와 혼인한 외국인 여성 가구임을 알 수 있다. 이러한 한국인 남성과 외국인 여성 중심의 결혼이주민 분포는 최근 들어 줄어드는 경향을 보이고 있다.

〈표 4-1〉 결혼이민자의 인구·사회학적 특성 (단위: %)

구분	2010	2019
성(gender)		
여성	94.4	85.0
남성	5.6	15.0
결혼 전 국적		
중국(조선족)	36.2	14.3
중국(한족, 기타 민족)	13.2	15.6
베트남	26.3	35.7
필리핀	8.5	9.5
일본	5.2	4.6
몽골	1.4	1.4
태국	1.4	2.9
캄보디아	2.6	3.4
우즈베키스탄	1.0	1.2
기타	4.2	11.4
결혼이민자 교육수준		
초졸 이하	9.0	10.6
중졸	27.5	20.6
고졸	42.3	39.9
대졸 이상(전문대 포함)	21.2	29.0
결혼이민자 연령		
18~29세	41.2	31.2
30~39세	33.4	40.0
40~49세	19.1	16.4
50~59세	5.6	9.4
60세 이상	0.7	3.0
결혼이민자 취업여부		
예	39.7	50.2
아니요	60.3	49.8
결혼이민자 종사상의 지위		
상용 근로자	27.9	44.8
임시 근로자	36.3	26.0
일용 근로자	15.3	16.7
고용원 있는 자영업자	6.9	1.6
고용원 없는 자영업자	2.3	6.8
무급 가족종사자	2.2	4.7
기타	9.2	-

2010년 결혼이민자의 결혼 전 국적의 경우 가장 많은 수를 차지하고 있는 것이 한국계 중국인인 조선족으로 약 36%를 차지하고 있다. 결혼 이주의 초기 단계에 한국계 중국인들이 가지는 언어소통의 장점으로 인해 한국인 남성과 조선족 여성들 간의 많은 성혼이 이루어졌다. 이 밖에도 한족 등 기타 중국에서 이주해 온 결혼이주민이 약 13%로 전체 중국으로부터의 국제결혼 이주가 거의 50%를 차지하고 있음을 보여준다. 다음으로는 베트남 출신 결혼이민자가 전체의 26%를 보이고 있어 한국어를 구사할 수 있는 조선족을 제외하면 가장 높은 외국인 결혼이민자 수를 보이고 있다. 그 외 필리핀, 일본 등이 5%를 넘는 비율을 보이고 있다.

반면, 2019년의 경우 결혼이민자의 국적은 다른 양상을 보이고 있다. 결혼이민자의 가장 많은 숫자는 베트남 출신으로 결혼이민자 3명 중 1명은 베트남 출신인 것으로 나타났다. 2010년 가장 많은 수를 차지했던 한국계 중국인과 중국인들은 그 수가 확연히 줄어들었다. 그 외 다른 국가들의 분포는 유사한 것으로 나타났다. 결혼이민자의 교육 수준을 살펴보면 먼저 2010년의 경우 가장 높은 비율을 보이는 것이 고등학교 졸업으로 약 42%를 보이고 있다. 중졸이 약 28%, 대학 졸업 이상이 약 21%를 보이고 있다. 2019년의 경우 중졸 이하의 비율은 줄어들었고 전문대를 포함한 대졸 이상이 약 30%를 보이며 2010년과 비교해 높아진 결혼이주민의 교육 수준을 볼 수 있다. 결혼이민자의 연령을 살펴보면, 2010년의 경우 10명 중 4명이 20대 이하로 매우 젊은 연령층을 보이고 있다. 이후 30대는 33%, 40대가 19%, 50대 이상은 약 6%에 그치고 있어 전반적으로 젊은 연령 구조를 보이고 있다. 반면, 2019년의 경우 결혼이민자의 연령 구조는 좀 더 높아져서 20대 이하가 31%, 30대가 40%로 가장 많은 부분을 차지하고 있다. 그 뒤를 40대가 16%, 50대 이상도 약 12% 정도를 나타내며 전반적으로 보다 높아진 연령 구조를 보여주고 있다. 결혼이민자의 취업상태는 2010년의 경우 약 40%가 취업한 상태임을 보고하고 있다. 2019년의 경우 취업한 결혼이민자의 비중은 더욱 높아져 결혼이민자 2명 중 1명은 현재 취업해 근로하고 있는 것으로 나타나 결혼이민자들의 보다 높아진 취업 및 경제활동에 대한 관심을 예측할 수 있어 이에 대한 정책적 관심 또한 필요함을 알 수 있다. 이러한 결혼이민자의 취업에 대한 의지는 이들의 종사상의 지위를 통해서도 나타난다. 2010년의 경우 취업한 결혼이민자의 약 28%가 상용근로자로 일하고 있으며 취업한 결혼이민자 2명 중 1명은 임시 및 일용 근로자로 근로하는 것으로 나타났다. 반면 2019년의 경우 취업한 결혼이민자의 약 45%가 상용직으로 일하고 있어 2010년과 비교해 상대적으로 안정적인 종사상 지위를 보유하고 있음을 알 수 있다. 또한, 임시·일용직의 경우도 2010년보다 줄어든 42.7%를 보이고 있어 보다 안정적인 결혼이민자의 종사상 지위를 유추할 수 있다.

3. 결혼이민자의 욕구와 사회적 배제

결혼이민자들의 다양한 영역에서의 욕구를 살펴보기 위해 사회적 배제 개념을 활용하고자 한다. 사회적 배제 개념은 경제적 결핍에 집중한 기존의 빈곤개념을 보다 확장한 것으로 근로, 주거, 의료 등 다양한 분야로 확대하여 빈곤의 대상과 영역의 폭을 넓히고 그 정책적 개입에 있어서도 획일적인 경제적 소득보장에서 벗어나 복합적 차원에서의 포괄적이고 통합적인 정책지원의 가능성을 제시하면서 다양한 영역에서의 대상자의 욕구를 파악하는 데 그 경험적 근거를 제시하고 있다(문진영, 2004; 김안나, 2007; Kim, 2018). 유사한 개념적 접근인 빈곤이나 박탈과는 다르게 사회적 배제는 개념의 다차원성과 동태성 그리고 영역별 관계성에 주목하면서 각 영역에서의 자원의 결핍과 욕구를 단일적 요소의 결핍이 아니라 복합적이고 다차원적인 불평등을 유발하는 다양한 영역의 포괄적인 메커니즘으로 이해한다(김안나 외, 2008). 이에 분석과 관점의 전환 및 확대가 일어나게 되는데 특정한 시기에 집중하는 정적인 분석에서 동적인 분석으로, 개인이나 가구보다는 지역사회로, 상태가 아닌 과정에 대한 이해로 관점의 확대를 꾀하고 있다(Silver 1994; Room, 1995; Burchardt et al., 2002). 다양한 영역에서의 사회적 배제 수준을 측정하기 위한 선행연구들에서 앳킨슨 등(Atkinson et al., 2002)이 참여하여 유럽연합의회에 보고한 결과에 의하면 이들은 재정, 교육, 고용, 건강, 주거, 사회적 참여 등 6가지 영역으로 구분하고 있다. 또한, 유럽연합의 사회적 배제 지표들을 기초로 한국의 사회적 배제 측정을 위한 지표들을 제시한 연구에 의하면 경제, 근로, 주거, 교육, 건강, 사회적 관계망, 사회참여 등으로 구분하고 있다(김안나, 2007). 한편 사회적 배제를 측정하기 위해 사회적 배제의 핵심지표와 각 영역과 대상별 고유지표를 구분하여 제시한 연구에서는 소득, 노동, 의료, 주거를 사회적 배제의 대표 영역으로 제시하고 있다(김안나 외, 2008). 이러한 사회적 배제 개념을 활용한 경험적 사례로 북한이주민의 사회적 배제에 관한 연구(윤인진 · 이진복, 2006)와 외래인에 대한 사회적 배제에 관한 연구(김태수, 2010) 등이 있으며 이들 연구들은 각 연구 대상별 사회적 배제 측정을 위한 지표 등을 제안하거나 기술적(descriptive) 분석을 시도하고 있다.

이에 본 분석에서는 결혼이민자의 욕구실태를 살펴보기 위해 앞선 연구 결과들을 기초로 빈곤, 실업, 주거, 교육, 건강, 사회적 관계 등

6가지 차원에 대한 사회적 배제 측정을 중심으로 결혼이민자 가족의 사회적 배제와 욕구 실태를 분석하고자 한다. 경험적 분석을 위해 앞서 결혼이민자 실태 파악에 활용한 전국다문화가족 실태조사 자료를 사용하고자 한다. 해당 자료는 결혼이민자에 대한 방대한 설문을 바탕으로 이민자의 사회적 배제 측정을 위한 다차원적이고 유용한 정보를 제공한다. 〈표 4-2〉는 결혼이민자 가족의 사회·경제적 특성에 따라 사회적 배제의 현황을 살펴본 것이다. 결혼이민자 가족의 사회·경제적 특성은 이주민의 성(gender), 연령, 혼인상태, 교육 수준, 사회계층[1)], 출신국별로 나누어 살펴보았다.

결혼이주여성의 경우 남성 이주민에 비해 대부분 영역에서 높은 사회적 배제 정도를 보여주고 있으며 이는 빈곤과 교육 배제에서 뚜렷이 드러나고 있다. 연령의 경우 나이가 많을수록 높은 배제 수준을 보여주고 있다. 이주민의 결혼상태로 살펴본 사회적 배제의 경우 배우자와 사별하거나 이혼 혹은 별거 중인 가구의 경우 매우 높은 배제 수준을 보여주고 있는데 이는 특히 빈곤과 사회적 관계망에서 잘 드러나고 있다. 이혼 및 사별한 다문화가족의 경우 2명 중 1명은 빈곤에 처해 있음을 알 수 있다. 교육 수준은 낮을수록 높은 사회적 배제를 보여주고 있다. 가구주의 직업과 종사상의 지위로 알아본 사회계층[2)]의 경우 지위가 낮을수록 높은 사회적 배제를 보여주고 있는데

1) 사회계층의 범주화를 위해서는 국제비교에 많이 활용되고 있는 Erikson-Goldthorpe-Portocarero(EGP) 사회계급분류를 활용하였다. EGP 계급분류는 자본가뿐만 아니라 육체노동자와 비육체노동자, 사무직과 전문직의 구분 등 계급 내부의 구분을 직업과 종사상의 지위를 동시에 고려하여 동일한 서비스계급 아래서도 세부구분이 가능하게 한다(Erikson & Goldthorpe, 1992; Kim & Kurz, 2003).

2) 다문화가족의 사회계층은 가구주의 사회계급을 의미하는 것으로 유배우일 경우 가구주의 사회계급을, 이혼이나 사별의 경우 응답자의 사회계급으로 구성하였다.

〈표 4-2〉 결혼이민자 가족의 사회·경제적 특성에 따른 사회적 배제 현황[3] (단위: %)

		전체	빈곤	실업[4]	주거	교육	건강	사회적 관계망
성	여성	94.5	21.5	12.1	4.6	37.1	9.2	13.9
	남성	5.5	16.7	6.3	4.8	22.6	12.3	15.5
연령	25세 이하	25.6	18.6	11.3	2.6	54.2	4.0	14.6
	26~35	34.8	17.9	10.8	4.8	30.2	8.5	12.8
	36~45	26.5	22.1	10.9	5.9	26.3	13.2	14.7
	46~55	10.8	33.4	14.7	5.3	32.3	14.2	14.4
	56세 이상	2.3	47.4	27.5	5.2	64.0	16.3	16.3
혼인상태	유배우	93.2	19.5	12.0	4.3	36.2	8.9	13.7
	이혼/사별	6.8	45.1	13.3	7.7	35.7	17.1	20.1
교육 수준	초등학교 이하	9.1	27.8	16.4	4.2	24.8	8.4	15.0
	중학교	27.6	24.1	12.8	4.8	75.2	8.6	15.1
	고등학교	42.2	20.6	10.8	4.6	0.0	9.7	13.8
	대학교 이상	21.1	16.1	10.2	4.5	0.0	10.5	12.5
사회계급	고위전문직	1.4	5.3	-	2.3	22.1	4.2	9.8
	하위전문직	5.2	8.4	-	2.5	11.7	5.7	13.4
	사무직 노동자	6.1	6.0	-	1.7	20.7	5.5	11.6
	서비스 노동자	13.2	23.0	-	5.0	35.2	11.4	13.8
	자영업자	15.8	13.2	-	4.1	29.6	6.7	12.8
	자영농민	13.2	32.8	-	3.8	43.9	8.4	13.4
	숙련 육체노동자	24.1	9.7	-	3.3	35.7	6.8	12.1
	미숙련 육체노동자	21.0	23.1	-	5.7	39.7	12.8	14.5
국적	조선족	35.8	23.2	11.7	5.5	33.5	12.3	14.4
	중국	13.6	17.6	10.8	5.2	36.0	9.0	15.8
	베트남	26.5	21.6	12.1	2.7	61.0	4.2	13.8
	필리핀	8.6	26.2	13.5	4.8	4.3	10.5	13.2
	일본	5.2	16.6	10.4	3.6	1.0	16.3	3.4
	동남아시아	5.5	20.6	14.4	5.4	42.7	8.8	18.2
	러시아	1.5	13.6	11.3	7.2	12.1	10.5	12.3
	기타	3.3	10.9	8.0	4.9	7.3	8.2	16.9

3) 분석에 활용된 사회적 배제 차원에 관한 조작적 정의는 다음과 같다. 경제적 욕구를 나타내는 빈곤의 경우 OECD 가구 균등화 지수를 적용한 중위소득 50% 이하의 가구, 일자리 욕구를 보여주는 실업은 가구주가 실업자인 경우, 주거에 관한 욕구는 전기세, 수도세 등을 내지 못해 전기나 수도가 끊긴 경험이 있는 경우, 교육에 대한 욕구는 중등교육 이하의 학력을 가진 경우, 건강에 대한 욕구는 의사의

농업 종사자, 서비스 노동자, 미숙련 육체노동자의 경우 높은 사회적 배제를 보여주고 있다. 이주민의 출생국가별로 살펴본 사회적 배제의 정도는 출생국가별, 배제 유형별로 차이를 보이고 있다. 특정 종교를 통한 결혼 등 한국인과의 결혼의 경로가 다른 국가와 상이하게 나타나는 일본인의 경우 다른 국가 출신의 이주민들보다는 상대적으로 낮은 수준의 사회적 배제를 보여주고 있다. 이러한 차이는 특히 교육과 사회적 관계망에서 두드러지게 나타나고 있다.

사회적 배제의 중첩도란 한 개인이 얼마나 많은 배제를 경험하고 있는가에 대한 정량적 수치이다. 중첩도는 본 연구에서 제시하고 있는 총 6개의 배제영역 중에서 한 개인이 경험하고 있는 배제영역의 총 개수를 산출한 것으로 이론적으로 0에서 6까지의 수치로 제시될 수 있다. 이러한 사회적 배제의 중첩도 분석은 사회적 배제를 경험하고 있는 개인이 통상적으로 어느 정도의 배제를 경험하고 있는가를 살펴보고 개인의 특성에 따라 얼마나 집중적이고 과도하게 나타나는가를 보여줌으로써 결혼이민자의 욕구 정도를 살펴볼 수 있다. 이하 결과는 결혼이민자의 사회적 배제의 정도를 한국인과 비교·분석한 내용이다[5].

〈표 4-3〉의 결혼이민자 가족과 한국 가족의 사회적 배제의 중첩도

도움이 필요했으나 병원에 가지 못한 경우, 사회적 관계망에 대한 욕구는 어려운 일이 있을 때 의논할 친척이나 친구가 없는 경우를 말한다.

4) 사회적 배제의 실업은 가구주가 일하지 않는 경우를 의미함으로 직업과 종사상의 지위에 기초한 사회계급에 따른 특성에서는 해당 사례가 없음을 의미한다.

5) 다문화가족의 사회적 배제에 대한 비교를 위해 동일한 내용을 한국인에 대해 조사한 자료를 함께 분석함으로써 결혼이민자의 욕구에 대한 비교·분석을 실시한다. 한국인의 사회적 배제를 측정하기 위해 사용된 조사는 한국보건사회연구원이 차상위계층 조사를 위해 수집한 표본조사(이현주 외, 2008)로 동일한 질문을 사용한 관계로 자료조사 시기에 대한 한계에도 불구하고 비교 분석을 위해 활용하고자 한다.

〈표 4-3〉 사회적 배제의 중첩도 비교 (단위: %)

	0	1	2	3	4	5	6	계	중첩도 평균
결혼이민자 가족	38.14	36.90	16.98	5.98	1.60	0.36	0.04	100.0	.972
한국 가족	62.81	23.18	9.43	3.52	0.95	0.1	0.00	100.0	.569

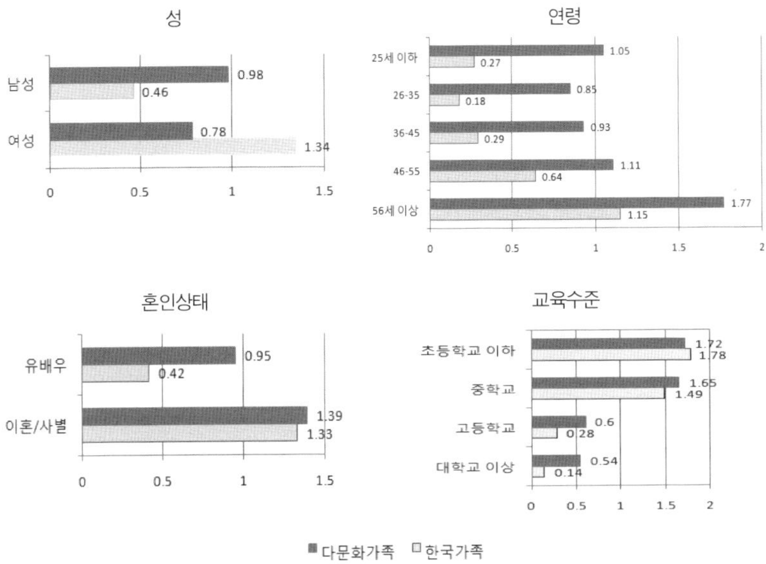

〈그림 4-4〉 인구·사회학적 특성에 따른 사회적 배제 중첩도 비교

를 살펴본 결과 결혼이민자 가족의 경우 한국 가족에 비해 약 1.7배가량 높은 사회적 배제의 중첩도를 보이고 있다. 결혼이민자 가족의 경우 약 38%가, 한국 가족의 경우 약 63%가 배제의 상태에 처해 있지 않다. 결혼이민자 가족의 4명 중 1명은 2개 이상의 사회적 배제를 경험하고 있으며 한국 가족의 경우 이가 14%로 나타나 결혼이민자 가족의 사회적 배제의 집중과 심각성을 볼 수 있다. 결혼이민자 가족의 경우 평균적으로 약 1개 정도의 사회적 배제를 경험하고 있

으며 한국 가족의 경우 0.6개 정도의 사회적 배제를 경험하고 있다.

개인의 사회·경제적 특성에 따른 사회적 배제 중첩도의 정도를 결혼이민자 가족과 한국 가족으로 비교해 보면 〈그림 4-4〉와 같다.

앞선 결과와 마찬가지로 다문화가족, 곧, 결혼이민자 가족의 경우 비교·제시한 대부분의 인구·사회학적 특성에서 높은 사회적 배제의 중첩도를 보이고 있다. 그러나 성(gender)의 경우 남성은 한국인보다 이주민의 경우 높은 배제의 수준을 보이고 있으나 여성은 한국 여성이 더 높은 사회적 배제의 중첩도를 보이고 있다. 이는 결혼이민자 가족의 경우 응답자의 대부분이 여성이고 결혼한 상태에 있는 반면, 한국 자료의 경우 여성은 여성가구주로 한국사회 내 여성가구주의 취약한 상황과 배제의 실태를 보여주고 있다. 연령은 높을수록 사회적 배제의 중첩도가 높게 나타나며 결혼이민자 가족이 한국 가족보다 높은 배제의 정도를 보여주고 있다. 혼인상태의 경우 한국과 결혼이민자 가족 모두 사별이나 이혼의 경우 높은 배제의 중첩도를 보이고 있다. 교육 수준의 경우 공통적으로 학력이 낮을수록 높은 배제의 정도를 보인다. 결혼이민자 가족의 경우 거의 모든 인구·사회학적 특성에서 한국 가족보다 높은 사회적 배제의 중첩도를 보여주고 있으며 약 평균 1개 정도의 사회적 배제 수준을 나타낸다. 이는 교육 수준이 고졸 이상인 이주민을 제외하고는 대부분의 결혼이민자 가족들이 다양한 사회적 배제에 노출되어 있음을 의미한다.

4. 결혼이민자 사회적 배제의 영향요인 분석

지금까지의 분석이 사회적 배제의 다양한 차원과 배제의 중첩도를 가구주의 사회·경제적 특성을 중심으로 결혼이민자 가족과 한국 가족에 대해 단순 비교·분석해 보았다면, 이하 분석에서는 개인적 특성들을 동시에 고려한 상태에서 어떤 개인적 특성들이 사회적 배제에 처할 위험을 높이는가에 대해 다변량 분석을 통해 파악해 보고자 한다[6]. 분석 방법으로는 개인의 특성에 따라 각각의 사회적 배제가 발생할 가능성을 파악하는 이항 로짓 분석(binary logit analysis)을 사용하였다. 사회적 배제에 처할 가능성에 영향을 미치는 요인으로는 선행 분석에서 공통으로 사용되었던 성, 연령, 혼인상태, 교육 수준, 사회계급과 결혼이주민의 출신 국적을 투입하여 분석하였다. 사회적 배제의 각 영역에 처할 위험에 이주민의 인구·사회학적 특성이 어떠한 영향을 미치는지를 살펴보기 위해 로짓 모델을 분석하였다. 〈표 4-4〉는 결혼이민자의 개인적 특성에 따른 사회적 배제 위험 요인을 분석한 결과이다.

여성 이민자, 낮은 학력, 사별이나 이혼 상태의 결혼이주민의 경우, 높은 경제적 배제의 위험에 처해있음을 볼 수 있다. 특히 빈곤은 사회적 계급과 높은 연관성을 보이고 있는데 고위전문직과 비교 시 자영농민의 경우 약 7.7배($e^{2.035}$), 미숙련 육체노동자의 경우 4.3배($e^{1.455}$)의 높은 경제적 빈곤에 처할 위험을 보여주고 있다. 출신국의 경우 조선족을 준거집단으로 선성하여 비교 시, 베트남과 필리핀, 동아시아 국적일 경우 높은 사회적 배제의 위험을 보이고 있다. 주거와 건강 배제의 경우 연령과 사회계급의 효과가 두드러지게 나타난다. 사회적 관계망의 경우 배제의 위험 정도가 이주민의 인구·사회학적 특성에 따라 큰 차이를 보이고 있지 않다. 이는 앞선 배제의 정도 분석

6) 이하 분석에서는 배제의 지표 속성 안에 가구주의 인구특성이 포함되어 완벽한 예측이 가능한 실업과 교육배제를 제외한 나머지 네 가지 배제에 대해 분석하고자 한다.

〈표 4-4〉 결혼이민자의 사회적 배제 위험요인 분석

		빈곤	주거	건강	사회적 관계망
성	여성	.122	.049	-.202**	-.079
	남성	-	-	-	-
연령	25세 이하	-	-	-	-
	26~35	.235***	.419***	.524***	-.125**
	36~45	.424***	.518***	.769***	.082
	46~55	.658***	.295**	.672***	.051
	56세 이상	1.308***	.407*	.886***	.130
혼인상태	유배우	-	-	-	-
	이혼/사별	1.440***	.501***	.656***	.561***
교육수준	초등학교 이하	.581***	.084	.075	.136*
	중학교	.450***	.187*	-.032	.085
	고등학교	.274***	.068	-.050	.043
	대학교 이상	-	-	-	-
사회계급	고위전문직	-	-	-	-
	하위전문직	.543**	.075	.160	.331*
	사무직 노동자	.150	-.243	.274	.203
	서비스 노동자	1.246***	.720*	.892***	.235
	자영업자	.922***	.612*	.467*	.265
	자영농민	2.035***	.680*	.887***	.364*
	숙련 육체노동자	.570**	.451	.604**	.200
	미숙련 육체노동자	1.455***	.966***	1.191***	.354*
국적	조선족	-	-	-	-
	중국(한족 등)	-.036	.008	-.167**	.197***
	베트남	.406***	-.391***	-.620***	.038
	필리핀	.756***	.070	.049	.040
	일본	-.056	-.221	.496***	-1.545***
	동남아시아(태국, 캄보디아, 몽골)	.240***	.104	-.022	.375***
	러시아	.022	.566**	.140	-.124
	기타	-.088	.186	-.220*	.299***
cons		-3.760***	-4.260***	-3.420***	-2.206***
-2LL		38935.92	15486.36	26151.64	35538.40
Pseudo R^2		0.099	0.024	0.052	0.018

에서 본 바와 같이 결혼이주민 전체에 유사하게 나타나는 사회적 관계망의 배제로 해석할 수 있다. 단지 일본인 결혼이주민의 경우 조선족에 비해 사회적 관계망의 배제에 처할 가능성은 0.2배로 낮게 나타난다. 이는 결혼이주의 배경이 일본출신과 다른 국가출신들간의 상이함에 그 원인을 찾을 수 있다[7].

요약하면 결혼이민자의 경우 다른 변수들을 통제한 상황에서 여성, 연령이 높을수록, 이혼이나 사별인 경우, 학력이 낮을수록, 농업에 종사하거나 미숙련 노동자일 경우 다양한 사회적 배제 영역에서 높은 사회적 배제의 위험 정도를 보여 다양한 영역에서 결혼이민자 가족의 욕구가 내재되어 있음을 암시한다. 이의 해결을 위해서는 단순히 물질적 부조에 그치는 것이 아니라 다양한 영역과 차원에서 결혼이민자 가족을 지원하기 위한 다차원적 접근이 필요함을 알 수 있다.

따라서 결혼이민자의 다양한 욕구를 해결하고 한국사회의 통합을 이끌어내기 위해서는 결혼이민자들의 사회적 배제 극복을 위한 사회보장제도의 확충과 노동시장에서 적극적으로 대처하기 위한 이주민의 인적자본 향상이 필요하다. 이를 위해서는 결혼이민자들이 사회적 주체로 생활할 수 있도록 교육 특히 직업교육의 확대가 필요하다[8]. 결혼이민자 가족의 높은 사회적 관계망 배제를 극복하기 위해서는 지역사회의 다양한 사회참여를 통한 지역사회 통합 프로그램 등의 마련이 필요하다.

---

7) 실제 실태조사자료를 분석해보면, 전체 일본인 이주자 중 약 72%가 종교기관을 통해서 현재의 배우자를 만났음을 언급하고 있다.

8) 최근 한 연구에 의하면, 정보서비스 및 기술교육의 경험이 결혼이주여성의 고용기회를 확대하고 삶의 만족에도 긍정적 영향을 미치고 있음을 밝히고 있다(Kim, 2018b).

제2절 외국인 근로자 실태 및 욕구 분석

1. 외국인 근로자 현황

「외국인근로자의 고용 등에 관한 법률」에 의하면, 외국인 근로자는 "대한민국의 국적을 가지지 아니한 사람으로서 국내에 소재하고 있는 사업 또는 사업장에서 임금을 목적으로 근로를 제공하고 있거나 제공하려는 사람"을 말한다(제2조 본문). 국내에서 취업하고자 하는 외국인은 취업 활동을 할 수 있는 출입국관리법상의 체류자격을 취득해야 하는데, 이의 유·무에 따라 '합법체류자'와 '불법체류자'[9]로 분류할 수 있다. 취업자격을 가진 체류 외국인은 크게 전문적인 지식과 기술 또는 기능을 가진 전문인력과 일반고용허가제 상의 단순 기능인력을 의미하는 외국인 근로자, 특례고용허가제의 적용을 받으며 다른 외국인과는 달리 출신국을 자유롭게 방문할 수 있고 신고 시 「출입국관리법 시행령」이 정한 산업 분야에서 취업이 가능한 외국 국적 동포가 있다. 그 외 고용허가제 이전 국내 중소기업의 인력난 완화를 위해 '산업기술연수' 사증을 통해 입국한 산업연수생과 취업 활동을 할 수 있는 체류자격 없이 국내에서 취업 활동을 하고 있는 불법체류자 등으로 유형화할 수 있다.

〈표 4-6〉은 2020년 1월 통계를 기초로 취업자격 체류 외국인의 자격별 현황을 요약한 것이다. 취업자격 체류 외국인을 업무 유형별로 구분해보면, 총 체류자는 전문인력과 단순 기능인력으로 구분할

---

9) 불법체류근로자는 출입국관리법 위반으로 단속의 대상이 될 수 있지만 노무를 제공하고 임금을 지급받는 종속관계 아래에 있다면 불법체류 상태에서 근로를 했더라도 노동관계법상 보호를 받는 근로자로 본다(이철우 외 2019).

〈표 4-5〉 외국인 근로자 유형 개요

<table>
<tr><th colspan="2">구분</th><th>내용</th></tr>
<tr><td colspan="2">전문인력</td><td>- 전문적인 지식과 기술, 또는 기능을 가지 외국인
- 교수(E-1), 회화지도(E-2), 연구(E-3), 기술지도(E-4), 전문직업(E-5), 예술흥행(E-6), 특정활동(E-7)과 체류자격 90일 이하의 단기취업(C-4)의 체류자격을 보유한 외국인
- 해외의 우수인력 확보 및 우수한 전문인력 유치를 위한 입국과 체류 우대정책 실시</td></tr>
<tr><td rowspan="2">단순 기능인력</td><td>외국인 근로자 (일반고용허가제)</td><td>- 구인난을 겪고 있는 중소기업의 인력 공급을 위해 내국인근로자를 고용하지 못하는 경우 제한적 범위에서 인력유입 허용
- 비전문취업(E-9), 선원취업(E-10) 체류자격을 가진 외국인근로자</td></tr>
<tr><td>외국국적동포 (특례고용허가제, 방문취업제)</td><td>- 방문취업(H-2) 체류자격이 발급되는 외국국적동포
- 다른 외국인과는 달리 출신국을 자유롭게 방문할 수 있고 신고시 「출입국관리법 시행령」이 정한 산업분야에서 취업 가능
- 고용허가제의 특례 적용</td></tr>
<tr><td>고용허가제 이전</td><td>산업기술연수</td><td>- 1990년대 '산업기술연수' 사증을 통해 입국한 단순기능 외국인근로자
- '해외 현지법인이 있는 사업체'가 국내사업체로 기술연수를 보내기 위한 자격을 의미
- 명목상 연수생이지만 실제로는 산업계의 인력난 해소를 위해 중소기업에서 열악한 근로조건으로 종사
- 산업기술 연수생의 인권침해 등 문제가 지속되자 2007년 1월 고용허가제로 통합</td></tr>
<tr><td colspan="2">불법체류근로자</td><td>- 취업활동을 할 수 있는 체류자격 없이 국내에서 취업하고 있는 외국인근로자
- 출입국관리법을 위반하여 취업하고 있음
- 한국에 체류할 수 있으나 취업할 수 없는 외국인이 취업하는 '자격외 취업자'와 사증의 체류기간을 초과하여 국내에서 취업하고 있는 '체류기간 초과 취업자', 정식으로 입국절차를 밟지 않고 입국하여 국내에서 취업 중인 밀입국 취업자'로 구분</td></tr>
</table>

〈표 4-6〉 취업자격 체류 외국인 자격별 현황 (단위: 명)

<table>
<tr><td rowspan="2">전문 인력</td><td>단기취업 (C-4)</td><td>교수 (E-1)</td><td>회화지도 (E-2)</td><td>연구 (E-3)</td><td>기술지도 (E-4)</td><td>전문직업 (E-5)</td><td>예술흥행 (E-6)</td><td>특정활동 (E-7)</td><td>소계</td></tr>
<tr><td>1,288</td><td>2,193</td><td>13,894</td><td>3,122</td><td>216</td><td>643</td><td>3,653</td><td>21,661</td><td>46,670</td></tr>
<tr><td rowspan="2">단순기능 인력</td><td colspan="3">비전문취업(E-9)</td><td colspan="3">선원취업(E-10)</td><td colspan="2">방문취업(H-2)</td><td>소계</td></tr>
<tr><td colspan="3">280,707</td><td colspan="3">17,702</td><td colspan="2">229,300</td><td>527,709</td></tr>
</table>

자료: 법무부(2020b).

수 있다. 전문인력의 경우 단기취업, 교수, 회화지도, 연구, 전문직업 등으로 볼 수 있으며 46,670여 명으로 집계되고 있다. 반면 취업자격 체류 외국인의 대부분을 차지하고 있는 단순 기능인력의 경우 고용허가제 아래 입국한 비전문취업(E-9)과 선원취업(E-10), 해외동포의 다수가 보유하고 있는 방문취업(H-2) 등으로 구분되며 약 52만 8천여 명에 달하고 있다. 이는 취업자격을 가진 총 체류 외국인 중 전문인력은 8.1%에 불과해 외국인 근로자의 대다수가 단순 기능의 이주 노동자임을 보여준다. 취업자격을 가진 외국인 근로자의 국적별 현황을 살펴보면 〈표 4-7〉과 같다.

〈표 4-7〉 취업자격 체류 외국인 국적별 현황 (단위: 명)

계	중국	베트남	캄보디아	네팔	인도네시아	우즈베키스탄	필리핀
	214,317	47,872	36,609	36,853	35,179	34,983	28,756
	미얀마	태국	스리랑카	방글라데시	미국	카자흐스탄	몽골
	26,632	26,387	22,540	10,791	9,777	8,037	6,314
574,379	파키스탄	키르기즈	인도	동티모르	영국	우크라이나	기 타
	3,693	2,716	2,453	2,353	2,234	2,087	11,796

자료: 법무부(2020b).

한국계를 포함한 중국 출신 외국인 근로자가 37.3%로 다수를 차지하고 있음을 볼 수 있다. 베트남, 캄보디아, 네팔, 인도네시아 출신의 외국인 근로자들이 그 뒤를 잇고 있으며 캄보디아, 인도네시아, 필리핀, 미얀마, 태국 등 동남아시아 국가에서 취업을 목적으로 이주해 온 외국인 근로자들이 대다수를 차지하고 있음을 볼 수 있다.

한편, "재외동포의 출입국과 법적지위에 관한 법률"의 적용에서 상대적으로 소외받아 온 중국과 구소련지역 동포들의 지위를 크게 개선한 방문취업제는 이들 국가 출신의 외국 국적 동포들에 대한 차별 해소 및 포용 정책의 일환으로 도입되었으며 이들의 입국 및 취업기회 확대를 목적으로 2007년 3월부터 실시되고 있다(이철우 외, 2019). 만 25세 이상의 중국 및 구소련지역 동포에 대해 고국 방문이 자유롭고 취업까지 가능한 방문취업(H-2) 사증은 5년 유효, 1회 최장 3년까지 체류할 수 있는 복수사증으로, 국내 호적이나 친인척이 없는 무연고 동포들에 대해서도 일정 요건하에 방문취업 사증의 발급대상에 포함하여 입국 문호를 확대하고 있다. 〈그림 4-5〉는 이러한 방문취업비자(H-2)를 소지하고 있는 외국국적 동포 근로자의 출신국 현황을 보여주는 것으로 2020년 1월 현재 총 22만 9천여 명이 한국에서 방문취업 비자를 소지하고 근로하고 있음을 보여준다.

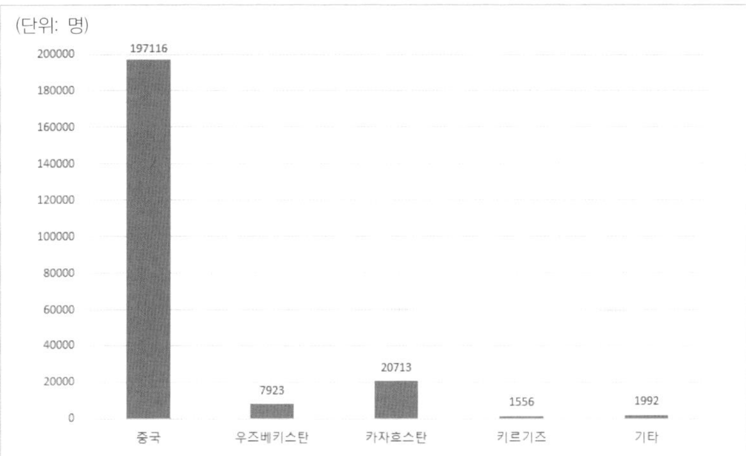

자료: 법무부(2020b).

〈그림 4-5〉 방문취업자(H-2) 현황

〈표 4-8〉에서는 경제활동인구조사에 기반한 국내 취업자 대비 외국인 취업자 수의 연도별 변화를 보여주고 있다. 통계청이 최초로 외

국인고용조사를 실시한 2012년부터 현재까지의 현황을 살펴보면 2012년 3.2%에서 2015년에는 3.6%로 증가하였고 그 이후로는 3.2% 수준을 보이고 있다. 2016년의 경우 외국인 경제활동인구가 100만에 이르렀으나 이후 다시 감소하는 경향을 보이며 2019년 현재 91만 4천 명을 보이고 있다(통계청 2019).

〈표 4-8〉 외국인 취업자 비율 (단위: 천 명, %)

연도	2012	2013	2014	2015	2016	2017	2018	2019
취업자 수 (경제활동인구조사)	25,117	25,398	25,811	26,189	26,450	26,824	27,064	27,322
외국인 취업자 비율	3.2%	3.0%	3.3%	3.6%	3.2%	3.1%	3.3%	3.2%

자료: 통계청(2016, 2019).

2. 고용허가제 도입 배경 및 내용

1980년대 이후 급속한 경제성장과 함께 단순 기능인력에 대한 인력난 해소를 위해 상대적으로 임금이 낮은 외국인 근로자들에 대한 수요가 제조업을 중심으로 급증하였다. 이에 대해 정부는 외국인 단순 기능근로자를 도입하지 않는다는 원칙을 고수하면서 공식적으로는 근로자 신분이 아닌 연수생 신분으로 외국인력을 도입한 산업연수생제도를 시행하였다(최홍엽, 2008). 산업연수생제도에 의해 합법적으로 입국한 산업연수생 중 상당수가 연수업체를 이탈해서 불법체류자가 되거나, 사업장 내 외국인력 활용을 둘러싼 갈등이 증가하는 등 산업연수생제도의 구조적 문제점이 노출되었고(고준기, 2006), 이에 산업연수생제도를 2000년 4월 연수제도와 취업제도를 결합하는 연수취업제로 전환하였다. 연수취업제도는 소정의 검증 절차를 거쳐 연수생의 연수 기간 이후 취업 자격을 부여하는 것으로 이들은 기존의 2년간의 산업연수생 신분 이후 정식 근로자의 신분으로 1년간 더 체류할 수 있다(이규용, 2016). 그러나 이러한 연수취업제도 역시 본질적인 제도의 개선으로 이어지지는 못하였고 외국인고용에 대한 전반적인 개선책으로서 고용허가제를 제안하게 되었다. 고용허가제는 2003년 8월 "외국인근로자의고용등에관한법률"이 공포된 이후 2004년 8월부터 도입되었다. 고용허가제는 일반 외국인을 대상으로 하는 일반고용허가제와 외국 국적 동포를 대상으로 국내 취업 활동이 가능하고 방문 동거의 체류자격을 부여하는 특례고용허가제인 방문취업제로 구분된다. 비전문외국인력제도인 고용허가제의 도입으로 외국인 근로자의 노동권 보장과 인권 보호의 측면에서 일정 부분 처우 개선이 이루어지고 비숙련외국인근로자에 대한 기존의 폐쇄적인 정책에서 좀 더 적극적으로 이들을 활용하는 방향으로 전환하게 되었다고 볼 수 있다(이규용, 2016; 이철우 외, 2019).

고용허가제는 외국인 근로자를 채용하려는 사업자가 직종과 목적 등을 제시할 경우 정부(노동부장관)가 그 타당성을 검토하여 허가 여부를 결정하는 외국인력 도입정책이며, 국가 간의 계약으로 인력을 도입함으로써 송출과정의 투명성을 확보하고, 외국인 근로자를 내국인과 동등한 노동관계법을 적용하여 인권문제의 발생을 예방하며, 사업자가 내국인 구인노력을 한 후에도 내국인을 채용하지 못하는 경우에 외국인력을 고용하도록 함으로써 인력난을 해소하고자 한 것이다(박승용, 2009). 또한, 취업 허용 기간을 최대 5년 미만으로 인정하여 외국인 근로자의 정주(定住)를 방지하고, 외국인 근로자에 대한 차별금지나 사용자와의 계약체결 시 표준계약서의 사용, 출국만기보험, 귀국비용보험, 임금체불에 대비한 보증보험, 건강보험이나 상해보험 등에의 가입을 통하여 신체적·경제적 위험에 대비하도록 하는 규정을 두어 외국인 근로자를 보호하고 있다(손윤석, 2013). 고용허가제는 내국인 인력을 구하지 못한 기업에 보충적으로 단순 기능의 외국인 국내 취업 활동을 허용하는 내국인 우선고용의 원칙과 입국한 날로부터 3년의 범위 내에서만 취업 활동을 할 수 있는 정주화 회피의 원칙을 추구하고 있다. 이러한 정주화 회피 및 계약자유의 제한으로 인한 문제점도 여전히 지적되고 있으며, 불법체류자의 문제에 있어서도 보다 체계적인 관리 및 규제가 필요하다는 견해가 지배적이다(이창원·최서리 2018). 제도의 발전과정에 있어서 시행착오를 거쳐 현재의 제도로 자리 잡고 있지만, 지적되고 있는 문제점을 개선함에 있어서는 외국인 근로자의 문제를 단순히 임금과 고용의 유연성의 관점에서만 보는 것이 아니라 외국인 근로자의 인권 보호를 바탕으로 이들의 경제적, 사회적, 문화적인 측면에 대한 고려가 필요할 것이다. 외국인 근로자는 기업 및 국가의 경쟁력을 높일 수 있는 중요한 인적자원이라는 인식하에 우리 사회의 구성원으로서 자리 잡을 수 있도록 보다 적극적인 제도적, 실천적인 노력이 있어야 할 것이다.

고용허가제 아래 외국인 근로자(E-9)들이 주로 종사하는 직업을 보

〈표 4-9〉 고용허가제 외국인 근로자(E-9) 업종별 도입 현황 (단위: 명)

업종별	2010	2011	2012	2013	2014	2015	2016	2017	2018	2019
합계	38,481	49,130	53,638	58,511	51,556	51,019	59,822	50,837	53,855	51,365
제조업	31,804	40,396	45,632	48,967	40,874	40,223	47,425	39,415	43,695	40,208
건설업	2,412	2,207	1,269	1,606	2,299	2,228	2,593	1,846	1,405	1,651
농축산업	3,079	4,557	4,931	5,641	6,047	5,949	7,018	6,855	5,820	5,887
서비스업	56	124	107	70	91	71	68	100	90	99
어업	1,130	1,846	1,699	2,227	2,245	2,548	2,718	2,621	2,845	3,520

자료: 고용노동부, 고용허가제 고용동향, 각 연도.

면 제조업, 농축산업, 어업, 건설업, 서비스업 등의 순으로 분포하고 있다(〈표 4-9〉 참고). 2019년의 경우 총 51,365명 중 제조업이 40,208명으로 78.3%를 차지하고 있다. 농축산업 및 어업의 경우는 2007년 이후로 꾸준히 증가하고 있으며, 서비스업은 상대적으로 적은 비율을 보이고 있는데, 이는 고용허가제를 통한 외국인 근로자에 한해 집계된 결과이므로 이를 감안한 해석이 필요하다.

3. 외국인 근로자 실태 및 욕구 분석

외국인 근로자 실태 및 욕구 분석을 위해 대구가톨릭대학교 사회통합연구소에서 실시한 외국인 근로자 실태조사의 원자료를 분석하였다. 해당 조사는 2015년 8월부터 11월까지 서울, 경기, 대구, 경북 지역에서 외국인력 지원센터 등의 협조를 얻어 외국인 근로자들을 설문조사하였다(김안나 · 최승아, 2017). 조사는 조사원이 직접 방문하여 대상자들에게 조사에 대한 설명을 한 후 대상자들이 설문지에 직접 기입하는 직접기입방식으로 조사를 진행하였고, 이해가 어려운 문항에 대해서는 상세한 설명을 통해 보다 정확한 응답을 할 수 있도록 하였다. 응답 결과 총 394부가 회수되었으며 응답자의 지역별 분포는 서울 15.2%, 경기 14.1%, 대구 58.9%, 경북 11.7%이다.

3-1. 외국인 근로자 일반적 현황

〈표 4-10〉과 〈표 4-11〉은 조사 대상 외국인 근로자의 일반적 특성에 대한 결과이다. 조사 대상의 성별은 남자 71.2%, 여자는 28.8%로 남성의 비율이 높았다. 연령은 평균 약 39세로 40대 이하가 전체

의 약 65%를 차지하였다. 학력은 고졸이 약 47%로 가장 많았고, 초졸 이하 저학력 비율도 약 7%가량 나타났다. 결혼상태는 기혼이 54.4%, 미혼이 35.7%였다. 국적은 베트남(19.8%), 필리핀(18.8%), 인도네시아(14.5%), 캄보디아(14.2%) 순으로 분포되었고, 평균 월급은 140~210만 원 미만이 46%로 가장 많았다.

비자 종류로는 E-9(비전문취업)이 63.2%로 가장 많았고, H-2(방문취업)이 7%를 차지하였다. 조사대상자 중 합법체류는 약 70%, 불법체류가 약 30%였으며, 한국어 실력은 말하기, 읽기, 쓰기로 구분해서 5점 만점(1점: 매우 서툴다~5점: 매우 잘한다)을 기준으로 응답한 결과 평균 2.86으로 나타났다. 한국에 체류하는 방법으로 체류 기간을 연장한다는 응답이 가장 많았고(48.7%), 영주자격 취득(14.1%), 체류자격 변경(13.5%), 한국 국적 취득(9.6%) 등의 순으로 희망하고 있었다. 또한, 10% 정도는 한국에 체류하기를 원하지 않는다고 응답하였다.

자격증과 관련해서 자격증을 보유하고 있는 경우는 약 57%로 나타났으며, 자격증 종류로는 기타 공인면허자격증을 가진 경우가 28.4%로 가장 많았고, 자격증 없는 기능자 22.4%, 기술사 18.9%, 기능사 13.9% 등의 순으로 분포되었다. 자격증 분야로는 일반 프로그램(21.1%), 공학, 제조 및 건설(17.8%), 서비스(10.3%)가 가장 많았으며, 그 외에는 과학, 수학 및 컴퓨터(8.6%), 인문학, 언어 및 예술(5.9%) 등이 있었다.

한국에서 한국어 교육을 받은 경험이 있는지에 대해 43.8%는 경험이 있다고 응답하였고, 유용한지 여부에 대해서는 약 80%가 유용하다고 하여 한국어 교육이 많은 도움이 되었음을 알 수 있었다.

〈표 4-10〉 외국인 근로자의 인구 · 사회학적 특성

구분		빈도	%
성별	남자	274	71.2
	여자	111	28.8
연령	30세 이하	102	31.9
	31~40세	104	32.5
	41~50세	51	15.9
	51~60세	30	9.4
	61세 이상	33	10.3
	Mean(SD)	38.98(13.38)	
학력	무학	9	2.5
	초졸	17	4.6
	중졸	74	20.2
	고졸(일반계)	106	28.9
	고졸(전문계/실업계)	66	18.0
	전문대졸	47	12.8
	대졸	31	8.4
	대학원졸업 이상	17	4.6
결혼상태	미혼	130	35.7
	기혼	198	54.4
	별거	12	3.3
	이혼	10	2.7
	동거	10	2.7
	기타	4	1.1
국적	중국(조선족)	67	17
	중국(한족/기타 민족)	46	11.7
	베트남	78	19.8
	인도네시아	57	14.5
	캄보디아	56	14.2
	필리핀	74	18.8
	네팔	3	0.8
	미얀마	10	2.5
	파키스탄	1	0.3
	기타	1	0.3
평균 월급	100만 원 미만	37	10.5
	100~140만 원 미만	78	22.0
	140~210만 원 미만	163	46.0
	210~330만 원 미만	47	13.3
	330~450만 원 미만	7	2.0
	450만 원 이상	22	6.2

〈표 4-11〉 외국인 근로자의 일반적 특성

구분		빈도	%
비자종류	E-9(비전문취업)	234	63.2
	H-2(방문취업)	26	7.0
	E-1~7(전문인력)	20	5.4
	F-4(재외동포)	25	6.8
	F-5(영주), F-5-2(국민의 배우자))	9	2.4
	F-6, F-2-1(결혼이민)	7	1.9
	기타	32	8.6
	없음	17	4.6
체류자격	합법체류	249	69.4
	불법체류	110	30.6
한국어 실력	Mean(SD)	2.86(.88)	
한국체류 방법	체류하기를 원하지 않음	36	10.1
	체류 기간 연장	173	48.7
	체류자격 변경	48	13.5
	영주자격 취득	50	14.1
	한국국적 취득	34	9.6
	기타	14	3.9
자격증 보유 여부	예	225	57.1
	아니요	169	42.9
자격증 종류	기술사	38	18.9
	기능장	8	4.0
	기사	14	7.0
	산업기사	11	5.5
	기능사	28	13.9
	기타 공인면허자격증	57	28.4
	자격증 없는 기능자	45	22.4
자격증 분야	일반 프로그램	39	21.1
	교사 훈련 및 교육 과학	10	5.4
	인문학, 언어 및 예술	11	5.9
	사회과학, 경영 및 법	9	4.9
	과학, 수학 및 컴퓨터	16	8.6
	공학, 제조 및 건설	33	17.8
	농업 및 수의학	10	5.4
	건강 및 복지	6	3.2
	서비스	19	10.3
	기타	32	17.3
한국어교육 경험여부	예	142	43.8
	아니요	182	56.2
한국어 교육 유용 정도	전혀 유용하지 않다	17	7.3
	조금 유용하다	30	12.9
	유용한 편이다	72	31.0
	매우 유용하다	113	48.7

3-2. 고용의 질

〈표 4-12〉는 외국인 근로자의 근로실태에 관한 결과이다. 고용형태로는 약 34.8%가 정해진 기간이 있는 유기계약 형태였으나, 27.4%는 공식적 계약이 없이 일하는 것으로 나타났다. 직업 종류로는 응답자의 절반 이상인 57.7%가 단순노무자였으며, 기타 13.6%, 가사 돌봄 관련 서비스 종사자가 7.7% 순으로 많았다. 주당 평균 근로시간으로는 51~70시간이 24.3%로 가장 많았고, 31~50시간 미만(23.9%), 10~30시간 미만(20.4%), 70시간 이상(20.4%) 등으로 응답하여 평균 44.9시간을 일하는 것으로 나타났다. 가입하고 있는 보험으로는 건강보험이 42.4%로 가장 많았고, 산재보험 21.9%, 고용보험 19.4%, 국민연금 16.3% 순으로 나타났다. 그리고 현재 직장에 취업하기 위해 필요한 학력으로 25.1%는 고등학교 졸업이라고 응답하였으며, 중학교 졸업 17.9%, 무학 16.1%, 전문대 졸업 13.4%, 대학교 졸업 12.5% 순으로 응답하였다. 이 학력이 현 직장에서 일하는 데 필요 학력이냐는 질문에 대해 응답자의 45%가 필요 학력이라고 응답한 반면, 약 38%는 이보다 낮은 수준의 학력으로도 충분하다고 응답하고 있어 외국인 근로자들이 보유한 인적자본과 근로실태 간의 적절한 매칭관계에 대해 보다 면밀한 조사가 필요하다[10].

한국에서의 월급 규모는 본국과 비교해서 3배가량 더 많다는 응답자가 21.4%로 가장 많았고, 2배(19.4%), 4배(12.5%) 순으로 나타났다. 조사한 외국인 근로자 약 3명 중 1명은 본국보다 5배 이상 높은 한국의 월급 규모를 응답하였으며 전체 응답자의 약 12%는 한국의

10) 실제 외국인 근로자의 학력 미스매치에 대해 연구한 결과에 의하면, 외국인 근로자의 경우 약 35%가 직무수행을 위한 필요학력보다 높은 학력을 보유한 학력과잉을 보이고 있다(김안나 · 최승아, 2017).

월급이 본국보다 10배 이상 높다고 응답하였다. 반면, 응답자의 32.1%는 임금체불 경험이 있다고 응답하였으며, 약 25%는 직장에서의 부상 경험이 있는 것으로 나타났다. 또한, 약 30%가량은 직장 내 폭행 경험도 있다고 응답하였고, 15.7%는 일주일에 3~4회로 폭행을 자주 경험하고 있는 것으로 나타나 이에 대한 적극적 대책과 예방이 필요함을 알 수 있다. 53.5%는 현재 일자리에 만족하고 있다고 응답하였으며, 약 10%는 불만족하고 있다고 응답하였다.

〈표 4-12〉 외국인 근로자의 근로실태

구분		빈도	%
고용형태	무기계약(정년까지)	44	13.5
	유기계약(정해진 기간까지)	113	34.8
	파견근로	18	5.5
	현장 실습생 또는 견습생	27	8.3
	공식적 계약 없음	89	27.4
	기타	34	10.5
직업종류	단순노무자	203	57.7
	음식점 종업원	17	4.8
	농축산 어업 종사자	15	4.3
	가사 돌봄 관련 서비스 종사자	27	7.7
	서비스 판매 종사자	15	4.3
	가게운영	14	4.0
	전문직, 사무종사자	13	3.7
	기타	48	13.6
근로시간	10시간 미만	28	11.0
	10~30시간 미만	52	20.4
	31~50시간 미만	61	23.9
	51~70시간 미만	62	24.3
	70시간 이상	52	20.4
	Mean(SD)	44.90(28.60)	
보험종류 (다중응답)	국민연금	72	16.3
	건강보험	188	42.4
	산재보험	97	21.9
	고용보험	86	19.4

필요 학력	무학	54	16.1
	초등학교 졸업	30	9.0
	중학교 졸업	60	17.9
	고등학교 졸업	84	25.1
	전문대 졸업	45	13.4
	대학교 졸업	42	12.5
	대학원졸업 이상	20	6.0
필요 학력 수준	이 수준의 학력이 필요하다	149	45.2
	이보다 낮은 수준의 학력으로도 충분하다	125	37.9
	이보다 높은 수준의 학력이 필요하다	56	17.0
한국 월급 규모	모국에서 받은 월급이 더 많다	23	6.6
	비슷하다	26	7.4
	2배	68	19.4
	3배	75	21.4
	4배	44	12.5
	5배	34	9.7
	6배	10	2.8
	7배	10	2.8
	8배	11	3.1
	9배	9	2.6
	10배 이상	41	11.7
임금체불 경험	있다	114	32.1
	없다	241	67.9
부상 경험	없음	254	75.1
	1~2회	63	18.6
	3~5회	14	4.1
	6회 이상	7	2.1
폭행 경험	없음	220	69.2
	일주일에 3~4회	52	15.7
	한 달에 3~4회	21	6.3
	한 달에 1회 정도	29	8.8
일자리 만족도	매우 만족함	66	18.8
	만족함	122	34.7
	보통	129	36.6
	불만족함	19	5.4
	매우 불만족함	16	4.5

3-3. 주거환경

외국인 근로자의 주거실태에 관해 살펴보면, 외국인 근로자들이 주로 거주하는 장소로는 임대주택(월세: 36.8%)이나 기숙사 및 합숙소(31.8%)가 큰 비중을 차지하였다. 현 거주지에 사는 이유로는 일터가 가까워서(47.1%), 집값이나 임대료가 싸서(22.3%), 주변 환경이 좋아서(13.6%) 순으로 나타났다. 현 주거지가 사생활이 보장되는지에 대해서 약 20%가량은 그렇지 않다고 응답하였고, 자신만의 공간이 있는지에 대해서 25% 정도는 그렇지 않다고 응답하였다.

〈표 4-13〉 외국인 근로자의 주거실태

구분		빈도	%
거주 장소	기숙사나 합숙소	108	31.8
	임대주택-전세	64	18.8
	임대주택-월세	125	36.8
	친구나 친척집	15	4.4
	여관 등 숙박업소	9	2.6
	기타	19	5.6
현 거주지에 사는 이유	집값이나 임대료가 싸서	72	22.3
	일터가 가까워서	152	47.1
	친척이나 친구가 가까이 있어서	18	5.6
	이웃 관계가 좋아서	13	4.0
	주변 환경이 좋아서	44	13.6
	기타	24	7.4
사생활 보장	전혀 그렇지 않다	39	11.2
	그렇지 않다	33	9.5
	보통이다	129	37.1
	그렇다	114	32.8
	매우 그렇다	33	9.5
자신만의 공간	전혀 그렇지 않다	30	8.6
	그렇지 않다	57	16.4
	보통이다	113	32.6
	그렇다	110	31.7
	매우 그렇다	37	10.7

3-4. 차별의 경험

차별은 집단 혹은 개인이 부당하게 자원과 기회로부터 배제되는 기제로 이주민에게 차별의 경험은 새로운 환경에 적응하는 데 심각한 저해요인으로 작용할 수 있다(김안나 · 최승아, 2017). 본 조사에서는 외국인이라는 이유로 차별받은 경험이 있는지, 있다면 어떤 차별을 받았는지에 대해 질문하였다. 분석 결과 외국인 근로자의 절반 이상은 한국 생활을 하면서 차별을 경험하였다고 응답하였다. 이들이 경험한 차별유형으로는 언어차별이 가장 높았고, 내외국인 근로자 임금 차별, 개별적 근로관계에서의 차별, 작업현장의 차별 등의 순으로 분포하였다. 이민자의 차별경험이 삶의 만족도를 감소시킨다는 선행 연구 결과들(Safi, 2010; 김안나 · 최승아, 2017)에 기초하여 외국인 근로자에 대한 차별 문제를 개선하고자 하는 보다 적극적인 정책적 · 실천적 노력들이 필요하다.

〈표 4-14〉 외국인 근로자의 차별 경험

구분		빈도	%
차별경험	있다	167	51.2
	없다	159	48.8
차별유형	개별적 근로관계에서의 차별	42	20.9
	언어차별	59	29.4
	작업현장의 차별	30	14.9
	내외국인 근로자 임금 차별	44	21.9
	미등록에서의 차별	13	6.5
	기타	13	6.5

3-5. 복지서비스 이용 현황

외국인 근로자의 복지서비스 이용 현황을 보면, 한국어교육 서비스가 10.6%로 가장 많았으며, 병원비 지원(10.3%), 생활비 지원(10.0%), 직장 내 적응 교육(7.4%), 임금체불 상담(7.4%) 등의 서비스를 주로 이용하였음을 알 수 있다. 필요한 서비스를 1, 2, 3순위로 구분해서 조사한 결과, 1순위로는 병원비 지원(21.6%), 한국어교육 서비스(20.6%), 생활비 지원(17.6%) 등이 가장 높은 비율로 나타났으며, 2순위에서도 병원비 지원이 13.6%로 가장 많았고 한국어교육, 한국생활안내가 12.3%로 그 뒤를 이었으며 의료상담 및 지원도 11.1%로 나타났다. 3순위로는 임금체불 상담이 12.9%, 법률상담 및 지원 11.4%, 기술교육 10.0% 등으로 응답하였다. 이러한 결과를 통해 외국인 근로자들에게 병원비 지원과 한국어교육 서비스, 생활비 지원, 임금체불 상담, 의료상담, 법률상담, 기술교육 등의 서비스가 필요함을 알 수 있다.

〈표 4-15〉 외국인 근로자의 복지서비스 이용 현황

구분		빈도	%
이용한 적이 있는 복지서비스 (다중응답)	이용한 적 없음	22	3.4
	생활비 지원	64	10.0
	병원비 지원	66	10.3
	경제적 도움 기타	19	3.0
	한국어교육 서비스	68	10.6
	국적 취득 관련 서비스	25	3.9
	한국생활안내	43	6.7
	한국문화체험	40	6.3
	직업훈련 및 알선	40	6.3
	정보화 교육(컴퓨터 활용 등)	27	4.2
	직장 내 적응 교육	47	7.4
	기술교육	15	2.3
	법률상담 및 지원	48	7.5

	의료상담 및 지원	23	3.6
	직장 내 폭언 및 폭행 상담	17	2.7
	임금체불 상담	47	7.4
	기타 상담	21	3.3
	기타	7	1.1
	생활비 지원	18	17.6
	병원비 지원	22	21.6
	경제적 도움 기타	4	3.9
	한국어교육 서비스	21	20.6
	국적 취득 관련 서비스	3	2.9
	한국생활안내	4	3.9
	한국문화체험	3	2.9
필요서비스 1순위	직업훈련 및 알선	5	4.9
	정보화 교육(컴퓨터 활용 등)	2	2.0
	직장 내 적응 교육	2	2.0
	법률상담 및 지원	7	6.9
	의료상담 및 지원	5	4.9
	직장 내 폭언 및 폭행 상담	1	1.0
	임금체불 상담	4	3.9
	기타	1	1.0
	생활비 지원	3	3.7
	병원비 지원	11	13.6
	경제적 도움 기타	1	1.2
	한국어교육 서비스	10	12.3
	국적 취득 관련 서비스	2	2.5
	한국생활 안내	10	12.3
	한국문화체험	4	4.9
	직업훈련 및 알선	6	7.4
필요서비스 2순위	정보화 교육(컴퓨터 활용 등)	1	1.2
	직장 내 적응 교육	3	3.7
	기술교육	3	3.7
	법률상담 및 지원	6	7.4
	의료상담 및 지원	9	11.1
	직장 내 폭언 및 폭행 상담	2	2.5
	임금체불 상담	8	9.9
	기타 상담	1	1.2
	기타	1	1.2
	생활비 지원	2	2.9
필요서비스 3순위	병원비 지원	3	4.3
	경제적 도움 기타	1	1.4

한국어교육 서비스	3	4.3
국적 취득 관련 서비스	3	4.3
한국생활 안내	5	7.1
한국문화체험	4	5.7
직업훈련 및 알선	3	4.3
정보화 교육(컴퓨터 활용 등)	5	7.1
직장 내 적응 교육	4	5.7
기술교육	7	10.0
법률상담 및 지원	8	11.4
의료상담 및 지원	4	5.7
직장 내 폭언 및 폭행 상담	3	4.3
임금체불 상담	9	12.9
기타 상담	4	5.7
기타	2	2.9

3-6. 한국생활과 삶의 만족

〈표 4-16〉에서 외국인 근로자의 삶의 만족도를 건강, 주거환경, 가족관계 등 9개 영역별로 살펴본 결과, 건강 만족도가 3.63으로 가장 높았으며, 가족관계 만족도가 3.62로 그 뒤를 이었다. 만족도 영역

〈표 4-16〉 외국인 근로자의 삶의 만족도

	N	최소값	최대값	평균
삶의 만족도 전체	375	1.00	5.00	3.44
1. 건강 만족도	372	1.00	5.00	3.63
2. 주거환경 만족도	371	1.00	5.00	3.51
3. 가족관계 만족도	365	1.00	5.00	3.62
4. 사회적 친분관계 만족도	366	1.00	5.00	3.46
5. 여가생활 만족도	361	1.00	5.00	3.31
6. 본인의 수입 만족도	367	1.00	5.00	3.25
7. 직장 만족도	367	1.00	5.00	3.34
8. 한국생활 만족도	364	1.00	5.00	3.36
9. 본국과 비교 시 한국생활 만족도	367	1.00	5.00	3.50

중 가장 낮은 수치를 보인 수입에 대한 만족도는 3.25로 나타나, 전체적으로는 평균 3.44의 삶의 만족도를 보이고 있어 전반적으로 상대적으로 높은 삶의 만족도를 보이고 있다고 볼 수 있다.

외국인 근로자들은 한국 생활의 어려움으로 언어문제(62.7%)를 가장 많이 들고 있으며, 다음으로는 법과 제도(10.5%), 사고방식(7.1%), 경제적 어려움(6.2%) 순으로 나타났다(〈표 4-17〉 참조). 외국인 근로자들의 사회적 관계에 대한 질문에서는 한국인 동료와의 모임이 전혀 없다는 경우가 38.7%로 가장 많았고, 1년에 한 번(23.0%), 한 달에 1~2번(15.7%), 1년에 2~3번(13.2%) 순으로 분포되어 한국인과의 교류는 그리 많지 않음을 알 수 있다. 한국인 사회/종교단체 모임에도 전혀 참여하지 않는다는 경우가 40.4%로 가장 많았고, 1주일에 한 번 17.7%, 한 달에 1~2번 15.5% 순으로 나타났다. 모국인 친구 수는 평균 약 5명으로 한국인 친구 수에 비해 두 배가량 많았다.

〈표 4-18〉에서는 사회적 태도에 관한 의견을 질문한 '나 같은 사람들은 정부 일에 대해 발언권이 없다'에 대해 약 35%는 그렇다고 응답하였고, 40% 정도는 그렇지 않다고 생각하고 있었다. '완전히 신뢰할 수 있는 사람은 소수에 불과하다'에 대해서는 약 46%가 그렇다고 응답하였고, '조심하지 않으면 다른 사람들에게 이용당한다'에 대해 약 57%가 그렇다고 응답하였다.

외국인 근로자들이 한국에서 개선되어야 할 필요성이 있는 제도에 대해 1, 2순위로 구분하여 질문하였다. 1순위로는 응답자의 28%가 성실 노동자 재취업제도라고 답하였으며, 27.3%가 제한된 한국 체류 기간, 12%가 한국어 능력 시험 합격, 약 11%가 출국 후 퇴직금 수령제도에 대해 개선의 필요성을 언급하였다. 2순위에서는 제한된 한국 체류 기간(21.9%), 사업장 횟수 변경 제한제도(20.8%), 출국 후 퇴직금

〈표 4-17〉 한국 생활의 어려움 및 모임 빈도

구분		빈도	%
한국 생활의 어려움	언어	203	62.7
	문화	18	5.6
	사고방식	23	7.1
	법과 제도	34	10.5
	자녀 보육 및 교육	9	2.8
	경제적 어려움	20	6.2
	기타	17	5.2
한국인 동료 모임 빈도	전혀 없음	123	38.7
	1년에 한 번	73	23.0
	1년에 2~3번	42	13.2
	한 달에 1~2번	50	15.7
	1주일에 한 번	20	6.3
	1주일에 두 번 이상	10	3.1
한국인 사회/종교단체 빈도	전혀 없음	128	40.4
	1년에 한 번	38	12.0
	1년에 2~3번	32	10.1
	한 달에 1~2번	49	15.5
	1주일에 한 번	56	17.7
	1주일에 두 번 이상	14	4.4
모국인 친구 수	없음	17	6.9
	1~2명	93	37.7
	3~5명	81	32.8
	6~10명	36	14.6
	11명 이상	20	8.1
	Mean(SD)	4.92(7.23)	
한국인 친구 수	없음	61	30.8
	1~2명	82	41.4
	3~5명	35	17.7
	6~10명	12	6.1
	11명 이상	8	4.0
	Mean(SD)	2.41(4.76)	

〈표 4-18〉 사회적 태도에 관한 의견

구분		빈도	%
나 같은 사람들은 정부 일에 대해 발언권이 없다	전혀 그렇지 않다	70	20.8
	그렇지 않다	67	19.9
	보통이다	83	24.6
	그렇다	83	24.6
	매우 그렇다	34	10.1
완전히 신뢰할 수 있는 사람은 소수에 불과하다	전혀 그렇지 않다	27	8.1
	그렇지 않다	39	11.7
	보통이다	114	34.1
	그렇다	124	37.1
	매우 그렇다	30	9.0
조심하지 않으면 다른 사람들에게 이용당한다	전혀 그렇지 않다	26	7.8
	그렇지 않다	31	9.3
	보통이다	86	25.7
	그렇다	136	40.6
	매우 그렇다	56	16.7

〈표 4-19〉 외국인 근로자가 인식하는 제도적 문제

구분		빈도	%
제도적 문제 1순위	성실 노동자 재취업제도	77	28.0
	사업장 횟수 변경 제한제도	26	9.5
	출국 후 퇴직금 수령제도	30	10.9
	가족동반 제한제도	14	5.1
	주거환경 문제	20	7.3
	한국어 능력 시험 합격(EPS-KLT)	33	12.0
	제한된 한국 체류 기간	75	27.3
제도적 문제 2순위	성실 노동자 재취업제도	20	11.2
	사업장 횟수 변경 제한제도	37	20.8
	출국 후 퇴직금 수령제도	29	16.3
	가족동반 제한제도	17	9.6
	주거환경 문제	16	9.0
	한국어 능력 시험 합격(EPS-KLT)	20	11.2
	제한된 한국 체류 기간	39	21.9

수령제도(16.3%) 순으로 응답하였다. 이에 따라 현재 고용허가제에 의한 취업기간 제한과 사업장 횟수 변경에 대한 제한, 출국 후에 퇴직금을 수령하게 되는 제도적 문제점, 한국어 능력 시험 제도 등의 문제점들이 개선되어야 함을 알 수 있다.

제3절 영주권자 실태 및 욕구 분석

1. 영주권자 현황

영주자격이란 국가가 국민이 아닌 외국인 중 특별한 자격이나 요건을 갖춘 자에게 영구적으로 또는 장기적으로 체류할 수 있는 자격을 부여하는 것으로 영주권이라는 권리적 성격을 가진다(차용호, 2015). 2002년 영주 체류 자격이 도입되기 전까지 우리나라에는 영주권이라는 개념이 없이 외국인 체류자격 중의 하나인 장기체류자격이 존재하였다. 화교를 비롯한 5년 이상 국내 거주한 외국인에게 부여한 영주자격(F-5)은 기존의 거주 비자(F-2)로부터 분리되어 신설하였다. 2008년 9월부터는 50만 달러 이상을 투자하고 우리 국민을 5명 이상 고용한 외국인에게 체류 기간과 관계없이 영주자격을 부여하기 시작하였다. 영주권 취득자 수는 영주제도가 시작된 첫해인 2002년에는 6,022명이었으나 2007년에는 1만 6,460명을 넘어 2019년 12월 15만 3천명으로 크게 증가하고 있다(〈그림 4-6〉 참조). 이러한 영주권자의 증가는 2010년부터 실시한 외국 국적 동포의 국적 취득 요건 구비 시 영주자격의 취득을 허용한 것과 이후 외국 국적 동포들이 귀화 신청 시

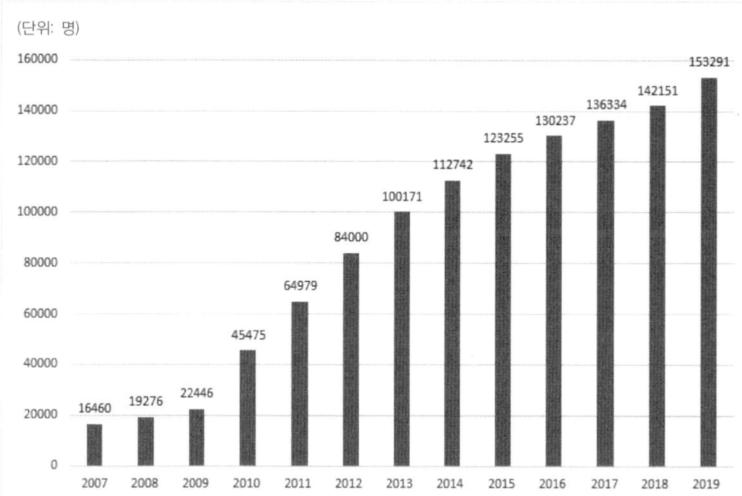

자료: 출입국·외국인정책 통계연보, 각 연도.

〈그림 4-6〉 연도별 영주권자 현황

국적취득보다는 영주자격으로 신청을 변경한 것을 그 주요 원인으로 볼 수 있다(정기선 외, 2012).

2. 영주권자 실태 및 욕구 분석

영주권자에 대한 실태 및 욕구 분석을 위해 법무부에서 2016년 실시한 외국인고용조사를 활용하고자 한다. 외국인고용조사는 국내 체류 외국인의 취업 여부, 취업 분야 등 경제활동상태를 파악하여 국내 노동시장분석 및 외국인력 정책에 기초자료를 제공할 목적으로 2016년 5월에 실시되었으며 조사대상은 만 15세 이상 외국인 11,546명에 대해 실시하였다(통계청, 2016). 본 조사는 구조화된 설문지를 사용하여 체류 외국인의 성, 학력, 혼인상태, 거처 종류 등을 물어보고 성

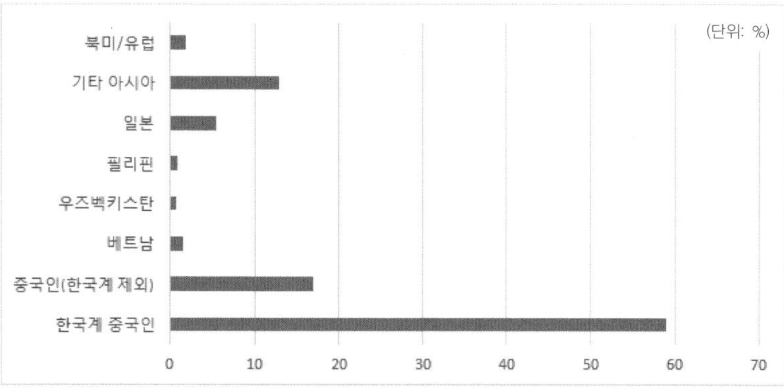

〈그림 4-7〉 국적에 따른 영주권자 현황

별, 국적별 다양한 체류자격에 따라 경제활동상태를 살펴볼 수 있도록 질문하였다. 또한, 취업자의 보다 상세한 특성을 알아보기 위해 종사상의 지위, 산업과 직업, 취업시간 및 근속기간 등 다양한 취업배경에 대해 질문함으로써 체류 외국인의 노동과 고용현황에 대해 상세한 정보를 제공한다. 전체 조사대상자 중 영주권자는 총 764명으로 이하 제시되는 결과는 영주권자에 국한된 내용으로 조사 설계상 제시된 표본가중치를 적용한 결과이다.

〈그림 4-7〉에서 보는 바와 같이 한국계 중국인이 약 60%가량으로 가장 높은 수치를 보이고 그 뒤를 한국계를 제외한 중국인, 일본, 베트남 등 아시아국가 출신들의 높은 영주자격 취득 현황을 볼 수 있다.

〈표 4-20〉은 영주권자들에 대한 인구·사회·경제적 특징들을 요약한 내용이다. 먼저 영주권자의 성별 비율을 살펴보면, 남성보다 여성들이 더 많은 것으로 나타난다. 이들의 연령을 살펴보면, 경제활동이 활발한 30대에서 50대까지 높은 수치를 보이고 있어 체류 외국인 중 영주자격을 취득한 경우 높은 취업의 의지를 예상할 수 있다. 이

〈표 4-20〉 영주권자에 대한 인구 · 사회 · 경제적 특징

구분		비율(%)
성별	남자	44.6
	여자	55.3
연령	20대 이하	13.7
	30대	25.1
	40대	24.1
	50대	26.0
	60대 이상	11.2
	Mean(SD)	44.7(12.6)
학력	초졸 이하	9.0
	중졸	19.3
	고졸	44.6
	대졸 이상(전문대 포함)	27.1
결혼상태	미혼	10.1
	기혼	81.0
	이혼	6.3
	사별	2.6
배우자 체류자격	비전문취업	0.1
	방문취업	8.8
	재외동포	10.4
	영주자	56.6
	결혼이민자	12.5
	기타	11.6
취업 여부	예	72.0
	아니요	28.0
직업 분류	관리자, 전문가 및 관련 종사자	10.1
	사무종사자	5.6
	서비스, 판매종사자	22.8
	농림어업 숙련종사자	0.2
	기능, 기계 조작, 조립종사자	30.1
	단순노무종사자	30.6
평균 월급	100만 원 미만	7.2
	100~200만 원 미만	43.9
	200~300만 원 미만	34.8
	300만 원 이상	14.1

들의 평균 연령은 약 44.7세로 상대적으로 높은 연령을 보이고 있다. 예를 들어 해당 연도의 전체 체류 외국인의 평균 연령은 40세로 나타났다. 영주권자들의 학력을 살펴보면 약 72%가 고졸 이상의 높은 학력을 보이고 있다. 영주권자 대부분은 현재 기혼 상태이며 미혼의 경우 10%를 보이고 있다. 한편 이혼이나 사별한 경우도 약 9%를 보이고 있어 다양한 혼인상태를 볼 수 있다. 영주권자의 배우자 체류자격을 살펴보면, 가장 많은 수치를 보이는 것은 영주권자로 영주권자의 약 57%가 배우자도 영주자격을 취득한 것으로 나타난다. 배우자가 결혼이민자 자격을 가진 영주권자 또한 약 12.5%로 나타나 높은 수치를 보이고 있다. 그 외는 재외동포 및 방문취업 등도 높게 나타나 영주권자의 배우자의 경우 대부분이 영주권 자격을 취득하거나 해외동포자격을 보유하고 있는 것으로 알 수 있다.

이들의 취업상태를 살펴본 결과 현재 취업 중인 영주권자의 경우 약 72%로 나타나 높은 취업상황을 보이고 있다. 이들의 직업을 분류해 보면, 관리자 및 사무종사자가 약 16%, 서비스, 판매종사자로 약 23%가 취업해 있음을 알 수 있다. 가장 많은 수치를 보이는 직업은 단순노무종사자와 기능, 기계 조작, 조립종사자로 각각 30% 이상의 높은 비율을 보이고 있다. 반면, 농림어업에 종사하는 영주권자의 경우 0.2%의 극소수에 불과함을 보여준다. 영주권자들의 경제 상황을 볼 수 있는 평균월급을 구간별로 나누어 살펴보면, 100만 원 미만의 경우 7.2%, 100~200만 원 미만의 경우 44%로 영주권자의 절반가량이 200만 원 미만의 월급 수준을 응답하고 있어 취약한 경제 상황을 예측할 수 있다. 다만, 300만 원이 넘는 영주권자 또한 14% 이상으로 나타나고 있다.

제5장

이민자 사회복지정책 국제비교

제5장 이민자 사회복지정책 국제비교[1)]

제1절 이민자에 대한 사회복지정책과 사회통합

최근 한국사회는 결혼이민자, 이주노동자 등 외국인 이민자의 급격한 증가에 따라 다문화·다민족 사회의 대두라는 현실에 직면하고 있다. 2019년 말 체류 외국인은 약 252만 명, 결혼이민자는 약 16.6만 명에 이르렀으며, 이러한 체류 외국인의 증가는 우리사회에 미치는 이민의 다양한 효과 및 영향에 대해 고민하게끔 하고 있다. 유입국의 입장에서 이민의 경제사회적 효과는 크게 두 가지로 요약될 수 있다. 먼저, 유입국의 노동 인력 부족을 채워주는 노동력증가의 경제적 효과를 들 수 있다. 1950년대 독일의 사례에서 볼 수 있듯이, 산업화 초기 노동집약산업의 발전과 함께 한 노동이주자의 이민은 유입국의 경제발전 및 성장에 긍정적 영향을 미칠 수 있다[2)]. 반면, 프랑스, 영국 등 유럽국가들의 경험에서 볼 수 있는 바와 같이 이민자의 급증은

---

1) 본 장은 김안나 외(2012)의 내용을 기초로 수정·보완된 것이다.

2) 다른 한편으로는, 노동집약적 산업구조의 필요한 요구에 의해 유입된 대체인력들이 저숙련 노동 인력 중심으로 집약되어 있어 국내 시장의 저숙련 노동임금을 하락시키고 이민세대가 이어지면서 장기적으로는 유입국의 저숙련 노동 공급을 증가시키는 부정적인 영향 또한 언급되고 있다(최경수, 2011).

불법체류의 증가, 문화적 차이에서 오는 다양한 사회갈등, 이주민의 빈곤 문제 등 사회적으로 부정적인 효과를 미칠 수 있으며, 이에 따라 중·장기적으로 한 사회의 사회통합을 저해하는 요인으로 작용할 수도 있다.

글로벌화의 추세와 함께 인류의 국가 간 이동은 막을 수 없는 흐름이 될 것으로 예측된다. 이민자는 자신의 삶의 질 향상을 위해 국가 간 이동을 감수하고 유입국은 정책적 수요에 기초하여 이들을 선별적으로 받아들이게 된다. 한국사회 역시 지난 수십 년간 일부 산업의 노동력 부족, 저출산·고령화 문제 등을 노동이민이나 결혼이민을 통해 일정 부분 해결하고자 시도하였고 이는 향후에도 지속될 것으로 예상된다. 이는 한국사회의 지속가능성을 담보하기 위해서는 이민자의 유입이 필수적이라는 사실에 기인하며(정기선 외, 2012), 이를 통해 증가하는 체류 외국인은 우리나라의 경제사회 전반에 대해 긍정적 영향뿐만 아니라 부정적 영향 또한 미칠 수 있다. 이와 관련하여 이민자 대상 사회복지정책은 이들의 유입국에 대한 적응 과정의 어려움을 완화하고 이민자 유입으로 인한 사회적 갈등을 해소하는 데 기여할 수 있다는 점에서 중요한 이민정책 수단의 하나가 될 수 있다.

한 사회에 체류하고 있는 체류 외국인들은 이주 기간과 목적을 기준으로 유형화할 수 있다. 이민정책을 중요한 사회정책의 하나로 인식하고 있는 OECD의 경우 우선 이민의 흐름을 영구적(permanent-type) 이주와 비영구적 이주로 구분하고, 영구적 이주는 다시 이주 목적에 따라 고용이주, 고용이주자동반가족이주, 가족이주, 인도주의적 이주, 자유 이주[3], 기타로, 그리고 비영구적 이주는 불법(unauthorised)

3) 2008년부터 새로이 도입된 자유이주(free movement)의 경우 유럽경제지역과 호주 및 뉴질랜드 간의 이주를 일컫는다.

이주, 유학생, 훈련생이 포함된 한시적(temporary) 이주 등으로 세분하고 있다(OECD, 2008). 이처럼 이주 목적을 바탕으로 체류 외국인을 유형별로 살펴보는 것은 이들에 대한 사회복지정책 수립·집행에도 도움이 될 수 있는데, 그 이유는 국가별 사회제도의 특성에 따라 개별 이민자 유형이 가지는 역할과 의미가 상이할 수 있고 또한 이민자 유형별로 이들이 필요로 하는 복지정책수단의 유형, 내용, 범위 등이 차별화될 수 있기 때문이다.

체류 외국인의 사회통합을 강화하고 다문화사회로의 조화로운 유입을 위한 실질적인 노력은 각 체류 외국인의 특성에 기반한 사회복지정책의 지원으로 가시화될 수 있다. 하지만 사회복지정책은 공공부조, 사회보험, 사회서비스 등 다양한 영역으로 구성되어 있으며, 이들 각각의 영역이 어떻게 정책으로 실현되고 있는지는 국가별 사회제도의 특성에 따라 상이하다. 따라서 한 국가의 체류 외국인에 대한 효과적인 사회복지정책을 마련하기 위해서는, 앞서 언급한 체류 외국인의 다양한 유형에 대한 고려와 더불어 다양한 사회복지정책영역 및 수단에 대한 고려도 필요하다.

본 장에서는 현 우리사회의 외국인 복지정책의 현황과 문제점을 파악하고 이에 대한 제도적 보완책을 찾기 위한 노력의 일환으로, 역사적으로 이민의 경험이 풍부한 국가들과 한국과 유사성을 지닌 국가들의 이민정책 및 외국인 관련 복지정책을 비교 분석하고자 한다[4].

4) 예를 들어 미국과 호주는 대표적인 이민 국가로 특히 호주의 경우 이민 유입 관리와 이민자 정착 서비스 등을 포함하는 이민정책이 다른 나라들에 비해 상대적으로 일찍 발달했다. 2차 세계대전을 기점으로 호주는 국가재건의 필요에 따라 적극적인 이민유입정책을 시행해 왔고, 이를 뒷받침할 사회정책도 일찍 도입되어 후발 국가들의 정책 벤치마킹의 대상이 되어 왔다. 국가재건을 위한 필요노동력 유입을 위해 국가가 정책적으로 외국인 이민자에 대한 적극적 유입을 시도한 독일 또한 1950년대 후반부터 1960년대까지 소위 라인강의 기적이라고 불리는 경

이에 본 연구는 전 지구적인 이주의 시대(Castles & Miller, 2009)를 맞이하고 있는 국제사회의 변화된 상황을 이해하고 우리사회의 새로운 이슈로 등장하고 있는 외국인 이주민의 사회통합을 위해 최근 급격히 증가하고 있는 한국사회 내 체류 외국인의 현황을 바탕으로 체류 외국인 유형에 따른 사회복지정책을 살펴봄으로써 외국인 이민자의 사회통합을 위한 제도적 현황과 개선방안 등을 제시하고자 한다. 이를 위해 전통적 이민 국가라 볼 수 있는 미국과 호주, 유럽연합의 대표적 이민 국가 중 하나인 독일, 그리고 아시아의 일본을 비교국가로 선정하여 이들의 체류 외국인에 대한 사회복지정책을 비교·분석함으로써 한국사회 외국인 이민자 사회통합을 위한 사회복지정책 수행의 시사점으로 삼고자 한다.

제2절 주요국의 이민자 현황 및 복지체계 비교

1. 국가별 이민자 현황 및 추이

한국에 체류하고 있는 외국인은 2019년 12월 약 252만 명으로 전체인구의 4.9%를 차지하고 있다(법무부, 2020a). 〈그림 5-1〉은 2005년 약 75만 명이었던 체류 외국인이 꾸준히 증가하여 2019년 3배

제부흥기에 외국인 이민자들의 유입이 본격적으로 이루어지는 역사를 가지고 있다. 일본의 경우는 체류 외국인과 서로 협력하면서 지역사회를 발전시킬 필요가 있다는 인식하에 뉴커머와 올드커머인 재일한국조선인과의 공생을 위한 시책으로 「다문화공생정책」을 시행하는 등 한국에의 시사점을 찾을 수 있는 단초들을 제공하고 있다(김안나 외, 2012).

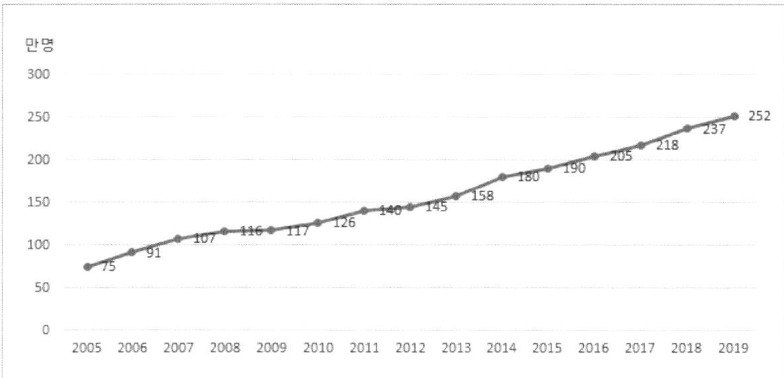

자료: 출입국・외국인정책 통계연보, 각 연도.

〈그림 5-1〉 한국의 체류 외국인 현황

〈표 5-1〉 한국의 체류 외국인 자격별 현황 (단위: 명)

체류 자격별	계	비전문취업 (E-9)	방문취업 (H-2)	재외동포 (F-4)	영 주 (F-5)	결혼이민 (F-6)	유 학 (D-2)	단기방문 (C-3)	사증면제 (B-1)	기타
인 원	2,524,656	276,755	226,322	464,152	153,291	131,034	118,254	256,696	248,753	649,399
비 율	100%	11.0%	9.0%	18.4%	6.1%	5.2%	4.7%	10.1%	9.9%	25.7%

자료: 법무부(2020a).

이상 증가하고 있음을 보여준다. 체류 외국인 자격별 현황을 보여주는 〈표 5-1〉에서는 고용허가제 아래 단순 기능인력에 해당하는 비전문취업(E-9)과 외국 국적 동포의 방문취업(H-2)에 해당하는 외국인 근로자가 전체 체류 외국인의 20%를 차지하고 있음을 보여준다. 단순노무 이외의 직종에 취업이 허용되는 재외동포(F-4) 또한 18.4%로 높은 비율을 보이고 있어 외국 국적 동포에 대한 보다 높은 사회적 관심이 요구된다.

이민의 역사가 오래된 미국의 이민자 수는 지속적으로 증가하고 있다. 〈그림 5-2〉에서 보는 바와 같이, 미국의 출생국가 기준 이민자

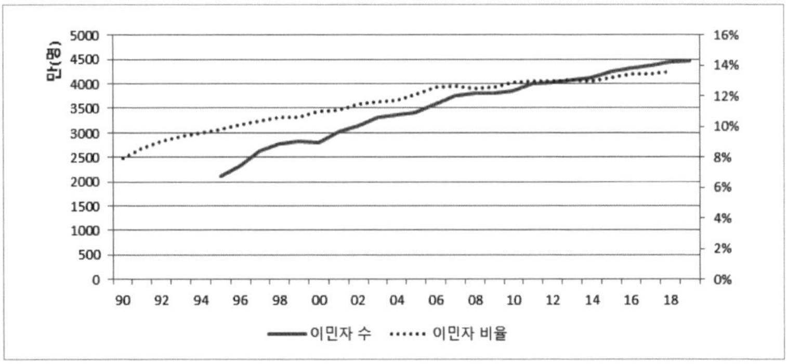

자료: OECD, International migration database.

〈그림 5-2〉 미국의 이민자 현황

들은 꾸준히 증가하고 있으며 1990년대 중반 2,000만 명에 달하던 이민자 수는 2019년 현재 거의 4,500만 명에 이르고 있으며, 이는 전 미국인구의 약 13.7%에 해당하는 수치로 미국인 약 일곱 명 중 한 명은 외국에서 태어난 이민자로 볼 수 있다. 20세기 초까지 국적과 지역출신에 따라 이민자 유입을 규제하는 이민자 선별정책을 실시한 미국은 1952년 이민국적법(INA: Immigrationa and Nationality Act) 제정으로 외국인 숙련 전문인력의 입국을 허용하기 시작하였으며 1965년 이민국적법 개정을 통해 인종차별적인 할당제는 폐지되었다(강동관 외, 2017). 미국 이민정책의 특성은 미국 시민권자와 영주권자에 대한 가족기반이민(family-based immigration), 특정기술이나 인력수요가 있는 분야에 대한 고용기반이민(employment-based immigration), 미국 내 이민비율이 낮은 국가의 이민자 유입을 통한 출신국의 다양성 비자 프로그램(diversity visa program), 본국에서의 인종, 종교, 정치적 박해의 위험에 처한 난민과 망명자(refugees and asylums) 보호 등으로 언급될 수 있다(강동관 외 2017, 임동진 2020). 2017년 미국은 약

113만 명에게 영주권을 부여하였고 이들 세명 중 두명은 가족기반이민으로 높은 가족이민의 비율을 보이고 있다(임동진, 2020).

전통적인 이민국가인 호주는 2차 세계대전 이후 국방 증강 및 국가 경제 재건을 목적으로 인구증가 정책을 도입하여 매년 2%의 인구증가를 목표로 설정하였고 이를 달성하기 위한 일환으로 총 인구의 1% 이상의 인구를 이민으로 충당하기 위한 적극적인 이민유입정책을 시행하였다(Spinks, 2010). 세계대전이 끝난 1947년부터 1972년까지 대규모 이민을 받아들이면서 적극적인 이민유입정책을 펼친 호주는 그 결과 해외에서 출생한 인구가 급격히 증가하여 1947년에 9.8%, 1971년에는 20% 수준에 도달하였고 2018년 현재 약 30%에 이르게 된다(〈그림 5-3〉 참조). 1980년대부터 호주의 이민정책은 이민자의 기술수준을 강조하면서 이민의 노동시장 효과에 초점을 두기 시작하였으며 그 결과 이민자 중 기술이민자의 수는 꾸준히 증가하였다(Birrell, 2003). 그러나 2000년대에 들어 기술이민자의 역할이 미약해지면서 기술 이민의 초점은 기존의 공급 위주의 무조건적 수용에서

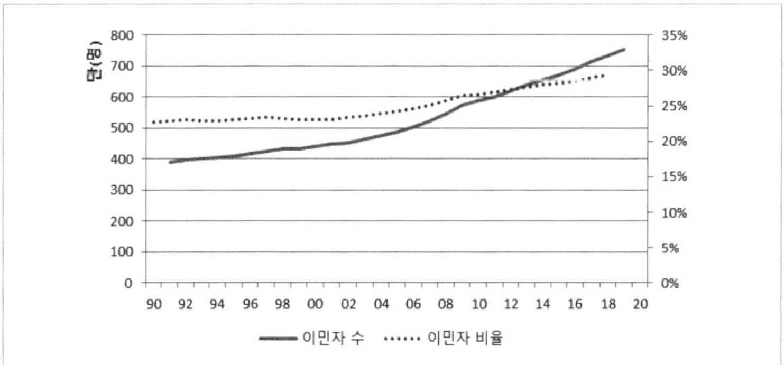

자료: OECD, International migration database.

〈그림 5-3〉 호주의 이민자 현황

수요 대응적 방식으로 선회하였고, 호주사회의 가치 창출을 위해 실제로 요구되는 기술 이민정책을 강조하게 된다(김안나 외 2012, 권경득 외, 2019).

독일의 이민자 현황은 단순히 이민자 통계만으로 그 규모를 파악하기는 어려운 한계가 있다. 다양한 이민배경(Migrationshintergrund)—귀화자나 이주해외동포, 이들의 자녀와 손자녀 등—을 가진 상당한 규모의 사람들이 외국인 인구에 포함되어 있기 때문이다. 이를 기반으로 독일에는 대략 13.5백만 명의 외국인과 이주 배경을 가진 사람들이 거주하고 있으며, 이는 독일인구의 16%에 해당하는 수치이다(OECD, 2020). 노동정책과 밀접한 관련성을 가지고 있는 독일의 이민자 정책은 2000년 국적 및 이민자의 귀화와 관련한 '국적법(Staatsangehörigkeitsgesetz, StAG)'이 제정되면서 독일에서 출생한 외국인의 자녀에 대한 속지주의(jus soli)의 도입과 2001년 외국인력 중 컴퓨터 전문가에 대한 취업허가인 독일 그린카드(Green Card) 제도로 이어진다(김안나 외, 2012). 독일 이민정책의 특성은 취업허가를 통한

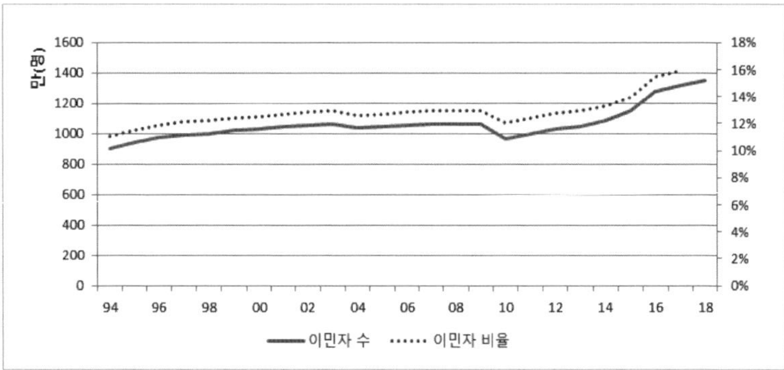

자료: OECD, International migration database.

〈그림 5-4〉 독일의 이민자 현황

독일 노동시장에 대한 제한적 허용, 미숙련 인력에 대한 노동에 부합하는 체류허가, 숙련기술인력에 대한 완화된 이민정책, 전문인력에 대한 개선된 취업요건 등으로 특징지어진다(김기선, 2016).

일본에서 체류 외국인의 정의는 법령에 따라 차이가 있으며, 외국인의 출입국을 규율하는 「출입국관리 및 난민인정법(出入国管理及び難民認定法), 약칭 입관법」을 외국인 정책의 기초로 하여, 법무성 산하 출입국관리청이 관련된 정책을 담당하고 있다(박명희, 2020). 입관법에서 '외국인'은 '일본 국적을 갖고 있지 않은 자'를 의미한다(동법 제2조). 일본의 법령 및 행정 아래에서는 복수의 국적자일지라도 그 중 일본 국적이 있다면 일본인으로 취급된다. 한편 무국적자, 즉 어떤 국가의 국적도 갖고 있지 않은 경우는 외국인에 포함된다. 국적법에 기초하여 무국적자 사이에서 출생한 자녀의 경우 일본 국적이 자동으로 부여되며 일본인으로 취급된다. 일본에 정착하여 거주하고 있는 외국인 중 영주 체류자격을 보유하고 있는 외국인을 '재일외국인(resident aliens)'이라고 한다. 외국인 등록자 수는 2019년 2.7백만 명

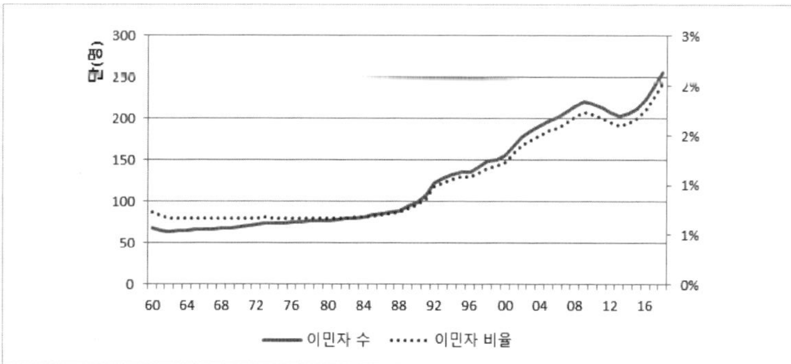

자료: OECD, International migration database.

〈그림 5-5〉 일본의 이민자 현황

으로 전체인구 대비 약 2%에 해당한다(OECD 2020). 〈그림 5-5〉에서 보이는 2010년대 초반 외국인 인구의 감소 요인은 경제적 불황의 심각화로 파악된다.

2. 주요 국가별 복지체계 개요

한국 사회복지체계의 핵심이 되고 있는 사회보장기본법에 의하면, 사회보장이란 '출산, 양육, 실업, 노령, 장애, 질병, 빈곤 및 사망 등의 사회적 위험으로부터 모든 국민을 보호하고 국민 삶의 질을 향상시키는 데 필요한 소득·서비스를 보장하는 사회보험, 공공부조, 사회서비스를 말한다'고 명시되어 있다(사회보장기본법 제3조 1항). 사회보장을 구성하고 있는 사회보험은 '국민에게 발생하는 사회적 위험을 보험방식에 의하여 대처함으로써 국민건강과 소득을 보장하는 제도를 의미'한다고 정의되어 있으며(사회보장기본법 제3조 2항), 국민연금, 건강보험, 고용보험, 산재보험, 노인요양보험의 5대 보험으로 구성되어 실시되고 있다. 공공부조는 '국가와 지방자치단체의 책임하에 생활 유지 능력이 없거나 생활이 어려운 국민의 최저생활을 보장하고 자립을 지원하는 제도'로 정의되며(사회보장기본법 제3조 3항), 2000년도부터 실시되기 시작한 국민기초생활보장제도를 통해 대상자들에게 각종 급여를 제공하고 있다. 그리고 사회서비스란 '국가·지방자치단체 및 민간부문의 도움을 필요로 하는 모든 국민에게 상담, 재활, 직업소개 및 지도, 사회복지시설 이용 등을 제공하여 정상적인 생활이 가능하도록 지원하는 제도'를 의미한다(사회보장기본법 제3조 4항). 대상별로 노인, 장애인, 아동, 가족 등에 대한 각종 복지서비스가 제공되고 있다. 사회서비스의 경우 1990년대 후반의 경제위기와 함께 고령화 및 저출산의 문제에 관한 관심이 커지게 되면서 급격히 확대되기 시작하였고, 2000년대 들어서면서는 보육서비스가 강화되고, 노인장기요양보험의 실시와 함께 보강된 다양한 돌봄 관련 사회서비스제도가 시행되고 있다(보건복지부 및 관계부처합동, 2014).

한국의 체류 외국인에 대한 복지제도는 가족주의를 강화하는 통합정책이 가장 핵심을 이루면서 불법체류자나 외국인 근로자 등에 대한 처우는 체류 외국인에 관한 제도를 언급할 때 배제되고 있다(구인회 외, 2008; 설동훈 · 이병하, 2013). 결혼이민자를 중심으로 공공부조와 사회복지서비스에 관한 외국인 적용이 부분적으로 이루어지고 있으며, 의료지원서비스를 제외한 공공부조 대부분과 사회서비스는 결혼이주여성에 대한 특례가 있을 뿐이다. 이는 사회복지의 실질적 제도 안에 외국인 노동자와 난민 등 다양한 유형의 체류 외국인을 고려하지 않고 있음을 의미한다. 기여적 복지인 사회보험의 경우, 외국인이 원하는 때에만 가입할 수 있지만, 국가 간 상호주의를 기반으로 하고 있어 실질적인 가입은 잘 이루어지지 않고 있는 실정이다(이병렬 · 김희자, 2011).

미국의 복지제도는 크게 공적 부조와 사회보장으로 구분할 수 있다(한국보건사회연구원, 2012a, 구인회 외, 2018). 공적 부조는 빈민을 구제하는 역할을 하고 있는 가장 오래된 제도이며, 자산조사방식을 기반으로 하고 있다. 대표적으로는 메디케이드(Medicaid), 보충소득보장(Supplemental Security Income, SSI), 빈곤가족한시지원(Temporary Assistance to Needy Families, TANF), 근로장려세제(Earned Income Tax Credit, EITC), 보충영양지원프로그램(Supplemental Nutrition Assistance Program, SNAP), 모자보충영양프로그램(Supplemental Nutrition Program for Women, Infants, and Children, WIC), 주거지원(housing assistance), 학

교급식 프로그램(school food program) 등이 있으며, 이 중 메디케이드는 저소득층을 위한 긴급국민 의료보조서비스로서 미국의 공적 부조 중 지출 규모에서 가장 핵심적이다. 소득분배제도로 활용되고 있는 SSI는 연방정부가 급여수준과 수급자격을 정하여 현금급여로 제공하는 대표적인 공적 부조 제도로서 빈곤한 노인, 시각장애인 그리고 다른 일반 장애인을 제도의 대상으로 본다. 또한, 아동이 있는 한부모 가구를 대상으로 하는 TANF는 18세 미만의 아동을 양육하고 있는 저소득가구에 대한 대표적인 소득지원 프로그램으로 수급자의 근로 동기를 강화하는 목적으로 시행되고 있다. 빈곤층 노동자 가구의 지원을 위해 실시되고 있는 근로장려세제(EITC)는 저임금 근로 납세자들을 대상으로 일을 하면서도 소득이 낮아 생활이 어려운 근로 빈곤층(working poor)의 소득지원을 목표로 하는 소득보장제도로 연방정부에서 운영하고 있다. 푸드스탬프(Food Stamp)로 알려진 저소득층 식품 지원프로그램인 보충영양지원프로그램(SNAP) 또한 미국의 대표적인 공적부조제도이다. 사회보장으로는 미국 공적 연금의 근간인 노인·유족·장애연금보험제도인 OASDI(Old-Age, Survivors, and Disability Insurance), 메디케어, 실업보험, 산재보험 등을 들 수 있다. 이 중 OASDI는 노인·유족·장애인 연금보험제도로서 은퇴연금, 사망보험, 장애보험이 포함되며, 노령과 장애, 사망의 사회적 위험에 대응하는 소득보장제도로 연금형태의 급여를 제공하고 있다. 사회보장 중에서는 가장 지출 규모가 큰 영역이다. 연방정부가 관할하는 건강보험 프로그램인 메디케어는 65세 이상의 고령자와 특정 종류의 장애가 있는 65세 미만인 자, 그리고 말기 신장 질환(end-stage renal disease)을 가진 이들에게 제공된다. 우리나라의 고용보험에 해당하는 미국의 실업보험은 비자발적으로 근로자가 실직되었을 때 이에 따른 소득 중단

시기에 일정 기간 소득을 보전해 준다(Ben-Shalom et al., 2011).

미국은 합법적 이민자의 경우 자격조건에 따라 위에서 언급한 다양한 공적 사회복지서비스의 혜택을 받을 수 있다. 그러나, 불법체류 노동자 가족의 경우는 정부의 서비스에 대한 공식적인 접근은 불가능하며, 민간차원에서 제공되는 사회복지 프로그램에 대해 주로 자녀교육과 여성에 한해 제한적으로 제공하고 있다. 불법체류자는 미국의 아동과 여성에 관한 의료 및 다양한 무료 실비 프로그램의 수혜를 받을 수는 없지만, 주별로 예외적으로 체류자격과 상관없이 의료서비스를 제공하는 경우도 있다. 또한, 기본적으로는 불법 이민자의 자녀에게도 학교 교육을 받을 수 있는 기회를 보장하고 있으며, 주마다 주 정부 예산을 융통성 있게 불법체류 자녀의 교육지원 정책으로 제공하고 있어(이종복 외, 2012), 아동에 대한 기본권과 관련하여 한국에 시사점을 제공한다. 비시민권자와 이민자들에게도 헌법의 기본적인 보호를 받을 수 있는 권리는 폭넓게 부여되어 있으나, 공공복지 영역에 있어서는 그러지 못하며, 각종 복지혜택 여부는 그들의 체류자격에 따라 다르다(Wasem, 2014). 난민의 새로운 지역사회로의 통합에 중점을 두는 미국은 난민에게 일반 시민들이 받는 혜택과 사실상 거의 동일한 수혜 자격을 부여하고 있다. 합법적 이민자는 입국 후 적어도 5년 동안 연방정부의 핵심적인 정부 지원 프로그램들로부터 제외되고 있지만, 많은 주에서 주 정부 기금을 사용하여 이들 이민자 일부, 특히 어린이나 임산부를 보장해 주는 조치를 취하고 있다(구인회 외, 2008, 김안나 외, 2012).

호주의 복지제도는 공공부조식 사회보장 체계로 이루어져 있다(정용문, 2012). 호주의 경우 주요한 사회적 위험에 대해 다른 서구 국가처럼 사회보험 방식의 보장이 아니라 대부분의 사회보장급여 및 서비스가 공공부조방식으로 제공되고 있어 소득연계적(earnings-related)이지 않으며 급여의 자격 또한 보편적 대상에 대한 포괄성의 성격을 지닌다(김안나 외, 2012).

정부로부터 지급되는 소득보장 급여(income support payments)는 크게 일시적인 보호의 수단으로 지급되는 단기적 급여를 의미하는 수당(allowances or benefits)과 장기적으로 사회보장 시스템에 의존해야 하는 계층에게 주어지는 연금(pensions) 등 두 가지 형태로 구분되며 대체로 수당에 비해 연금에 더 높은 금액이 지원된다(Ziguras, 2010). 호주에서 시행되고 있는 주요 사회보장제도를 대상별로 구분하면, 노인을 위한 제도로 노령연금[5], 퇴직연금제도, 연금 보너스, 보충연금, 노인보충급여 등이, 장애인을 위한 제도로는 장애연금, 간병인급여, 이동수당이, 아동 및 가족을 위한 제도로는 가족세제급여, 양육급여, 아동양육급여, 보육조세환급제도가 있으며, 실업 및 노동자를 위한 제도로 새출발수당, 청년수당, 배우자수당, 특별수당을, 청소년(학생)을 위한 제도로는 학업 수당, 청년수당, 벽지출신 학생 지원급여를 들 수 있으며 그 밖에 건강 관련 제도로 메디케어, 노인요양제도가 시행되고 있다(한국보건사회연구원, 2012d).

전통적인 이민국가로서 이민자 지원에 대한 오래된 정책적 경험을 지니고 있는 호주의 체류 외국인에 대한 복지제도는 연방정부 주도하의 계획된 이민정책으로, 체류상의 지위에 따라 위계화된 사회복지급여 및 서비스 제공과 다문화주의에 기초한 포괄적인 이민자 사회통합 지원 제도로 특징지워진다(김안나 외, 2012). 호주의 외국인 체류자

5) 호주가 공공부조방식의 소득보장제도를 운영하고 있지만, 노령연금은 부유층을 제외하는 역공공부조 방식을 채택하기 때문에 소득 및 자산조사를 거쳐 수급할 수 있다(국회예산정책처, 2019).

격을 규정하는 주요 법률로 이민법(Migration Act 1958)과 호주시민권법(Australian Citizenship Act 2007)을 들 수 있다. 호주에서는 체류상의 지위에 따라 사회복지 급여 및 사회서비스의 적용 여부가 달라지는데, 단기 방문자, 유학생, 기술직 장기체류자, 일반 영주권자, 난민 등의 순으로 사회복지 급여 및 서비스에 대한 접근성이 증가한다(김안나 외, 2012). 영주권자와 난민은 시민권자와 거의 동일한 복지급여 수혜자격을 부여받으며, 특히 난민은 원활한 호주사회 적응을 위해 정부로부터 '통합된 인도주의 정착전략(Integrated Humanitarian Settlement Strategy, IHSS)' 프로그램을 통해 다양한 서비스 및 지원을 받고 있으며, 일반 영주권자에게 적용되는 실업수당과 양육급여 등 사회보장급여의 대기기간 요건이 면제됨에 따라 체류 외국인 중에서도 최우선적인 복지급여 자격이 주어지고 있다(김안나 외, 2012, 권경득 외, 2019).

독일의 복지제도는 크게 사회보험(Sozialversicherung)과 사회부조(Sozialhilfe) 및 주거, 교육, 양육, 일자리 등에 대한 국가의 급부인 각종 수당 성격의 사회부양제도(Sozialförderung)로 대표된다(김안나, 2006). 독일의 사회보험은 공적보험으로 독일의 전반적인 사회보장제도에서 주도적인 역할을 맡고 있으며, 연금보험, 질병보험, 실업보험, 재해보험, 장기요양보험으로 구분된다(Bundesministerium für Arbeit und Soziales, 2011). 사회부조는 독일의 사회법전(Sozialgesetzbuch, SGB) 제12편에 근거하고 있으며, 빈곤, 사회적 배제 등으로부터 독일 시민을 보호하기 위한 최후의 안전망으로서, 기존의 다른 보험제도나 복지시스템으로 기본적 욕구를 충족시킬 수 없거나, 충분한 수급 청구권이 존재하지 않는 개인이나 가족이 청구할 수 있는 사회보장제도이다. 사회부조는 빈곤층에 대해 급여를 제공하는 공적 부조의 형태로 존재하며, 생계 부조, 고령자와 근로미약자에 대한 소득보장, 의료급여,

장애인 통합부조, 장기요양부조, 노숙, 알코올·마약중독 등 특수한 혹은 여타 사회적 어려움을 극복하는 데 필요한 부조 등이 있다(한국보건사회연구원, 2012b). 또한, 독일에서는 장애인 통합부조 서비스가 점차 확대되고 있으며, 전쟁피해자 보상 및 지원, 아동급여, 연방양육급여, 육아휴직, 생계비지원, 보충자녀수당, 연방자녀수당, 모성보호, 주택수당 등의 형태로 다양한 사회서비스가 제공되고 있다(김안나 외, 2012).

독일의 체류 외국인에 관한 정책은 노동정책과 밀접한 관련성을 가지며 외국인의 체류자격과 권리에 관한 핵심적 법률은 2005년 발효된 「이민법」이다. 이는 기존에 대상별, 기능별로 분리되어 매우 다양하고 복잡하게 적용되어 왔던 법률체계를 단일의 법률로 통합하는 역할을 하였다(김환학 외, 2012). 연금·의료·고용·산재보험 및 장기요양보험으로 구성되어 있는 독일의 사회보험제도는 내국인과 외국인 구분없이 동등한 자격이 부여된다. 반면, 실업부조제도와 사회부조제도 등으로 대표되는 독일의 공공부조제도는 외국인의 체류 자격에 따라 차이를 보일 수 있다(김안나 외, 2012). 독일에서 취업하였던 경험이 있거나, 외국인으로서 장기간 독일에 체류할 것이 예상되는 합법적인 체류자격을 가진 외국인일 경우 독일인과 동등한 수급자격이 부여되는 반면, 단기 목적의 방문 또는 불법체류자일 경우 실업부조의 신청자격이 부여되지 않는다. 한편, 개인이 실업 부조의 혜택을 받지 못할 경우 인정되는 사회부조제도의 수급자격은 원칙적으로 내국인과 외국인에게 동등한 수급조건을 부여하지만, 한시적 체류나 난민의 경우 급여를 신청할 수 없다. 이에 독일은 난민신청자, 불법체류자, 출국의무자 등의 긴급한 복지욕구 충족을 목적으로 난민급여제도를 운영하고 있다(Classen, 2008).

일본의 복지제도는 '사회보장제도[6]'라고 불리고 있다. 사회보장제도에는 의료보장, 사회복지(아동복지, 모자·과부복지, 장애자복지), 소득보장(연금제도, 생활보호)과 고용보장으로 나뉜다(김안나 외, 2012). 의료보장에는 근로자를 대상으로 하는 건강보험과, 이의 적용을 받지 못하는 모든 자들, 즉 자영업자, 농업종사자 등을 대상으로 하는 국민건강보험이 있다. 사회복지는 아동복지, 신체장애인복지, 지적장애인복지, 노인복지, 모자 및 과부복지가 포함된다. 이것과 관련된 법과 생활보호법을 합해서 '사회복지6법'이라고 한다. 소득보장 중 연금제도는 후생연금과 국민연금으로 구성된다. 후생연금은 피용자를 대상으로 하는 제도이고, 국민연금은 전 국민을 대상으로 한 기초연금을 말한다. 생활보호제도는 공공부조제도로서 생활부조, 교육, 주택, 의료, 개호, 출산, 생업, 장제부조 등의 지급을 통하여 최저생활을 보장하는 제도이다. 마지막으로 고용보장은 근로자의 산업재해 시 보상, 직업능력개발, 고용보장, 남녀고용기회 확충, 일과 가정 양립을 지원하는 제도이다(한국보건사회연구원, 2012c).

일본의 체류 외국인에 관한 법령으로는 국적법, 출입국 관리 및 난

---

6) 일본 사회보장제도는 4가지 특징을 가지고 있다. 첫째, 전 국민의 연금, 의료개호를 제공하는 것이다. 사회보장급여의 핵심인 연금, 의료, 개호는 사회보험방식으로 운영된다. 연금제도는 고령 생활의 기본적 부분을 지원하는 것이고, 의료보험제도는 모든 사람이 언제 어디서나 의료서비스를 받을 수 있는 제도이다. 둘째, 사회보험방식은 보험료와 세금으로 운영된다. 사회보장재원은 약 60%가 보험료, 약 30%가 세금, 약 10%가 자산수입 등이다. 셋째, 일본은 피용자와 자영업자 등의 두 체계로 구성되어 있다. 피용자를 대상으로 해서는 직역보험(건강보험, 후생연금)을 제공하고 있고, 농부, 노인, 자영업자 등을 위해서는 국민건강보험, 국민연금을 제공하는 2원제도로 구성되어 있다. 마지막으로 도도부현, 시정촌이 책임과 역할을 분담하고 있다. 연금 등은 국가가 담당하고, 의료행정은 도도부현에서, 복지행정은 시정촌을 중심으로 제공된다. 의료·복지서비스는 민간단체가 중요한 역할을 담당하고 있다(한국보건사회연구원 2012c; http://www.mhlw.go.jp).

민인정법, 주민기본대장법을 대표적으로 지칭할 수 있으며, 새로운 체류관리제도인 '新체류외국인등록제도'가 2009년에 도입되었다. 일본에 거주할 수 있는 법적 자격을 가진 체류자격에는 특별영주자, 일반영주자, 일본인의 배우자, 영주자의 배우자와 정주자이며, 공공부조의 경우, 생활이 어려운 영주자, 정주자, 영주자의 배우자, 일본인의 배우자, 재일 한국인, 재일 조선인, 재일 대만인 등에 대해서는 난민으로 인정하여 생활 보호를 제공한다(김안나 외, 2012). 일본의 체류 외국인은 상대적으로 유리한 노동시장 접근성과 보건시스템을 누리고 있지만, 일본은 영주허가를 위해 계속 거주기간 10년이라는 장기간의 거주기간을 제시하고 있으며, 가족결합 또한 어려운 상황이다(박명희, 2020). 일본 사업장에서는 노동시간이 동종 업무에 종사하는 근로자들의 4분의 3 이상인 상용근로자들에게 국적을 불문하고 건강보험과 후생연금을 제공한다. 그 외 외국인 등록을 한 체류기간이 1년 이상인 외국인의 경우 국민건강보험이 제공된다. 또한 외국인등록을 한 체류자는 국민연금과 국적을 불문하고 제공되는 특별아동부양수당과 아동수당을 받을 수 있다. 국적이나 적법한 체류자격 여부와 상관없이 모든 근로자들은 노동자를 1명이라도 고용하고 있는 사업장에 적용되는 노재보험의 적용을 받게 된다.

2018년 발표된 「외국인재의 유입·공생을 위한 종합적 대응책(外国人材の受け入れ共生のための総合的対応策)」은 정부 전반에 걸쳐 처음으로 외국인과의 공생사회를 실현하기 위한 시책을 도모한 것이라는 측면에서 그 의의가 인정되고 있으며 대응책으로는 '외국인과의 공생사회의 실현을 위한 의견청취·계몽활동', '생활자로서의 외국인 지원', '외국인재 유입 촉진을 위한 대응' 등 크게 세 가지로 구성되어 있다(박명희, 2020).

〈표 5-2〉 국가별 체류 외국인 복지제도 특성 요약

	한국	미국	호주	독일	일본
주요 관련법	국적법, 출입국관리법, 재외동포의 출입국과 법적지위에 관한 법률, 재한외국인처우기본법, 다문화가족지원법, 외국인근로자의 고용 등에 관한 법률 등	이민국적법, 출입국관리법, 인력투자법, 사적 책임 및 근로기회조정법(PRWORA) 등	이민제한법, 이민법, 호주시민권법	이민법	국적법, 출입국 관리 및 난민 인정법, 주민기본대장법
체류 자격 유형	결혼이민자, 영주권자, 취업자격 체류외국인(외국인근로자) 등을 포함한 36개의 체류자격으로 구분	이민자(영주권자), 비이민자(단기 체류자 및 유학생), 난민 · 망명자(합법적 거주자), 시민	영주이민자, 비영주이민 장기체류자, 단기 방문자	귀화자, 이주해외동포, 난민 등	특별영주자, 일반영주자, 일본인의 배우자 등, 영주자의 배우자 등과 정주자
복지 제도 특성	• 가족주의를 강화하는 통합정책이 가장 핵심적임. • 한국인과 외국인의 엄격한 구분을 통한 사회적 통제 • 영주권은 장기체류외국인에게 사회복지제도의 큰 혜택이 없음. • 결혼이민자에 한해서 특별한 복지대상으로 분류하여 다양한 서비스를 제공 • 외국인근로자와 난민, 불법체류자 등 다양한 유형의 체류외국인을 실질적으로 제도권 내에 두지 않고 있음.	• 합법적 이민자의 경우 조건에 따라 공적 사회복지서비스 혜택 가능 • 불법체류노동자 가족은 자녀교육, 여성에 한해 사회복지프로그램을 제한적으로 제공 • 비시민권자와 이민자들에게도 기본적 권리는 폭넓게 부여되어 있으나, 공공복지 영역에 있어서 복지혜택 여부는 체류자격에 따라 다름. • 난민은 일반 시민들이 받는 혜택과 거의 동일한 수혜 자격이 있으며, 귀화 이민자들의 권리는 시민들과 같은 수준임. 난민 재정착사업을 통해 지원 • 이민자 통합에 있어 가장 기본이 되는 언어 습득 장려 프로그램을 통해 사회통합을 강화	• 연방정부 주도에 의한 계획된 이민정책 • 다문화주의에 기초한 포괄적인 이민자 사회통합 지원 제도 • 체류상의 지위에 따른 위계적인 사회복지 급여 및 서비스 제공-단기 방문자, 유학생, 고용 장기 체류자, 일반 영주권자, 난민 등의 순으로 사회복지 급여 및 서비스에 대한 접근성이 증가 • 비이민 체류자들에 대한 제도적 보호는 상대적으로 크게 제한 • 이민자 복지 전달체계는 이민자의 사회통합 진행과정을 고려하여 역할분담되어 있음.	• 외국인 주민에 대한 사회보험제도의 적용은 내국인 또는 외국인의 구분 없이 전적으로 동등한 자격으로 이루어지고 있음. • 난민급여제도를 통해 난민신청자, 불법체류자, 출국의무자 등의 긴급한 복지욕구를 충족해주고 있음. • 합법적 절차를 통하여 독일로 입국한 외국인 또는 기존의 외국인 주민이나 이주해외동포의 국내 적응과 사회적 교류 및 소통을 활성화하기 위한 목적으로 사회통합프로그램을 실시	• 공공부조의 경우, 생활이 어려운 영주자, 정주자, 영주자의 배우자, 일본인의 배우자, 재일 한국인, 재일 조선인, 재일 대만인 등에 대해서 난민으로 인정하여 생활보호를 제공 • 국적을 불문하고 상용자에게는 건강보험을 제공, 그 이외의 대상으로 외국인 등록을 한 체류기간 1년 이상인 자의 경우 국민건강보험을 제공 • 특별아동부양수당, 아동수당 등의 사회수당은 외국인등록이 된 경우 국적을 불문하고 받을 수 있음. • 다문화공생정책을 통해 커뮤니케이션 지원, 일본어 및 일본사회에 관한 학습지원, 생활지원, 다문화공생 지역 만들기 등을 실시

제3절 주요국의 이민자 사회복지정책 국제비교

앞서 살펴본 국가별 이주특성 및 외국인 관련 사회정책을 기초로 본 절에서는 사회복지제도를 공공부조, 사회보험, 주요 사회복지서비스로 구분하여 이민자 유형에 따라 어떠한 사회복지정책들이 적용되고 있는지 비교·분석하고자 한다. 이민자의 유형 구분은 각국 외국인 정책의 주요 관심대상을 중심으로 영주권자, 외국인 근로자, 난민은 공통적인 유형으로 선정하였으며, 국가별로 한국은 결혼이민자, 미국과 일본은 비이민자 및 불법체류외국인, 독일은 해외동포 등을 중심으로 살펴본다.

1. 영주권자

영주권자의 경우, 한국을 제외한 국가들에서 공공부조와 주요 사회복지서비스는 모두 적용이 되고 있었다[7]. 한국에서는 영주권자 중 결혼이민자에 대한 서비스는 다양하게 제공되고 있었지만, 결혼이민자가 아닌 영주권자에 대해서는 공공부조 외에는 다른 서비스 혜택을 받기 어려운 실정이다(구인회 외, 2008; 이병렬·김희자, 2011; 설동훈, 2013). 미국은 1996년 복지권 개혁을 기준으로 이전에 비해 영주권자가 받을 수 있는 공공부조가 크게 축소되었다. 즉, 공공부조에 대해서는 대부분 5년 이상 거주할 경우로 제한을 두고 있으며, 소득보충지원제도(Supplemental Security Income, SSI)의 경우 인구학적 조건, 자산조건 등의 규정을 두어 실질적으로 수급에서 배제되고 있다. 메

7) 결혼이민자를 제외한 영주권자를 의미함.

〈표 5-3〉 국가별 영주권자에 대한 사회복지정책 유형 비교

사회복지정책	한국	미국	호주	독일	일본
1. 공공부조	-	(5년 이상 거주시, 주별로 적용여부 결정) • SNAP • CHIP • TANF • 메디케이드	• 가족세제급여 • 실업수당* • 노령연금* • 주거비 보조	• 사회부조 • 실업자 기초 소득보장	• 생활보호
2. 사회보험	• 국민연금 • 건강보험 • 고용보험 • 산재보험 • 노인장기요양 보험	• OASDI • EITC • 의료보장보험 • 메디케어 • 실업보험 • 산재보험	• 기업연금 • 산재보험	• 국민연금 • 건강보험+ 장기요양보험 • 고용보험 • 산재보험	• 국민연금 • 후생연금 • 건강보험[1)] • 국민건강보험 • 고용/산재보험 • 개호보험
3. 주요 사회서비스					
가족서비스	-	• 아동 위탁보호와 입양보조 프로그램 • 가족의료보건 • 이민자 정착지원	• 보육 • 노인 및 장애인	• 아동수당 • 부모수당	• 아동/장애수당 • 아동/노인복지 • 아동복지시설입소 • 정신장애자복지
교육서비스	-	• 학비보조 • 긴급이민자교육	• 교육	• 교육	• 유치원, 의무교육
의료서비스	-	• 산전조리 · 진료 • 긴급의료구호 • 재난구호, 장기보험 • 전염성질환의 예방접종과 치료	• 의료보호	• 의료보호	• 모자보건 • 결핵 치료비 지원 • 영유아 예방접종 • 미납의료비보전 • 행려병자 치료
주거서비스	-	• 에너지 지원 • 주택서비스	• 공공주택 • 주택개조 • 주택구입비 지원	• 주거부조	• 자금대출 • 공영주택입주 • 주택입주
취업서비스	-	• One-Stop 직업 프로그램	• 구직지원 서비스	• 노동허가	• 임금지불 • 노조 지위확보 • 직업소개

주 1) 일본의 '건강보험'은 근로자가 업무상 혹은 통근 도중과 그 외의 경우에 입게 된 상해와 질병(휴일의 상해, 업무상 이외의 질병)이 발생했을 경우 치료받을 수 있는 사회보험제도이다. 일본 사업장에서는 국적을 불문하고 상용자(노동시간이 동종업무에 종사하는 다른 근로자의 4분의 3 이상)에게는 건강보험을 제공한다. 그 이외의 대상으로 외국인등록을 한 체류 기간 1년 이상인 자의 경우에는 국민건강보험을 제공한다(김안나 외, 2012).

* 대기기간 적용 후 수급.

자료: 김안나 외(2012: 290) 내용을 수정 · 보완함.

디케이드의 경우 SSI 수혜자라면 혜택을 받을 수 있으며, 장애가 있는 영주권자는 SSI의 혜택을 받을 수 있다. 또한, 장애가 있거나 65세 이상의 노인, 18세 미만의 아동인 영주권자들은 SNAP의 대상이 될 수 있으며, TANF와 메디케이드의 경우 입국 후 5년간은 혜택을 받을 수 없으며, 5년이 지난 이후에는 주마다 적용 여부를 결정할 수 있도록 되어 있다(Wasem, 2014).

사회보험은 5개 국가 모두 영주권자에게 적용이 되고 있으며[8], 미국의 경우는 사회복지서비스에 있어서 다른 국가들에 비해 다양한 프로그램이 적용되고 있었다(Broder & Blazer, 2011).

2. 외국인 근로자

유입국의 노동시장에서의 근로를 목적으로 입국한 외국인 근로자의 경우 대부분 해당 국가 사회보험의 적용을 받고 있다. 한국의 경우 외국인 근로자는 공공부조의 적용대상은 되지 않으나, 5대 사회보험은 모두 적용이 되고 있으며, 의료서비스와 취업서비스가 제공되고 있다[9]. 미국의 경우 외국인 근로자(임시 근로자)에 대해 공공부조의 자격을 부여하지 않아 SSI, SNAP, TANF의 혜택을 받을 수 없지만,

---

8) Department of Immigration and Citizenship(이하 DIC)(2011a), FaHCSIA (2009), Department of Human Services(2012), Department of Health and Ageing (2011), Department of Health and Ageing(2012), Education & Communities (2012), DIC(2011b), Bundesagentur für Arbeit(2010), Classen(2008), Bundesamt für Migration und Flüchtlinge (2011), 일본 국립사회보장 · 인구문제연구소(2007), 임경택 · 설동훈(2006), http://www.moj.go.jp

9) 노인장기요양보험의 경우 외국인 근로자의 대부분이 60세 미만으로 가족동반 없이 근로를 목적으로 입국하기 때문에 장기요양급여를 받을 가능성이 희박하여 외국인 근로자가 가입을 원하지 않을 경우 장기요양보험가입자 제외를 신청할 수 있다.

〈표 5-4〉 국가별 외국인 근로자에 대한 사회복지정책 유형 비교

사회복지정책	한국	미국	호주	독일	일본
1. 공공부조	-	• 메디케이드 (응급서비스만 가능)	-	• 사회부조 • 실업자 기초소득보장	• 생활보호
2. 사회보험	• 국민연금 • 건강보험 • 고용보험 • 산재보험 • 노인장기요양 보험	(5년 이상 거주시) • 농장 근로자 • 건강/실업보험 • 메디케어 buy-in(5년후)	• 기업연금 • 산재보험	• 국민연금 • 건강보험+ 장기요양보험 • 고용보험 • 산재보험	• 국민연금 • 후생연금 • 국민건강보험 • 건강보험 • 고용/산재보험 • 개호보험
3. 주요 사회서비스					
가족서비스	-	-	• 보육 (제한적 적용)	• 아동수당 • 부모수당	• 아동/장애수당 • 아동/노인복지 • 아동복지시설 입소 • 정신장애자 복지
교육서비스	-	• 무료고등교육	• 교육 (제한적 적용)	-	• 유치원, 의무교육
의료서비스	• 의료지원 서비스	• 지역보건 및 보건소 • 메디칼 • 영아 및 산모 의료권리 • 헬시키즈	• 의료협정을 맺은 특정 국가 출신자에 한해 메디케어 혜택 제공	• 제한적 의료보호	• 모자보건
주거서비스	-	-	-	• 주거부조	-
취업서비스	• 직업훈련 · 상담	• 직업훈련 · 상담	-	• 노동허가	• 임금지불 • 노조 지위확보 • 직업소개

자료: 김안나 외(2012: 291) 내용을 수정 · 보완함.

메디케이드의 경우는 응급서비스에 한해서만 혜택을 받을 수 있다. 사회보험에서는 건강보험과 실업보험이, 주요 사회복지서비스로 교육, 의료, 취업서비스 등이 적용되고 있다(한국보건사회연구원, 2012a; Broder & Blazer, 2011). 호주 또한 공공부조는 해당되지 않고, 기업연금과 산재보험은 적용이 되며, 보육과 교육서비스에 있어서는 제한적으로 적

용되고 의료협정을 맺은 국가 출신자에 한해 의료서비스를 제공하고 있다[10]. 이에 비해 독일과 일본은 외국인 근로자에 대해 소득 보장을 위한 급여성격의 공공부조와 사회보험이 적용이 되고 있었고, 특히 일본은 사회복지서비스에 있어서도 많은 유형이 제공되고 있었다[11].

3. 난민 · 망명자

난민과 망명자의 경우 대부분 비교국가에서 비교적 포괄적이고 적극적인 정책을 시행하고 있었으며, 한국 또한 아시아 최초로 난민인정절차 및 처우 등에 대한 독립된 난민법을 시행하면서 난민에 대한 정책을 확대하기 시작하였다[12]. 특히 독일은 별도의 사회부조제도인 난민급여제도를 통해 한편으로는 난민과 그 가족들의 최저생계를 보장하고, 다른 한편으로는 이들의 체류 관리 및 거주지 이탈 통제와 같은 기능을 담당해 오고 있다[13]. 그리고 독일은 난민에 대하여 원칙적으로 노동 허가를 제공하지 않으므로 이들은 사회보험의 적용에서 제외가 된다(Classen, 2008). 미국의 경우 공공부조는 기한의 제한을

10) DIC(2011a), FaHCSIA(2009), Department of Human Services(2012), Department of Health and Ageing(2011), Department of Health and Ageing (2012), Education & Communities (2012), DIC(2011b).

11) Bundesagentur für Arbeit(2010), Classen(2008), Bundesamt für Migration und Flüchtlinge(2011), 일본 국립사회보장 · 인구문제연구소(2007), 임경택 · 설동훈 (2006).

12) DIC(2011a), FaHCSIA(2009), Department of Human Services(2012), Department of Health and Ageing(2011), 김종철(2010), 법무부(2012), 이철우 외(2019).

13) 일반적으로 망명자들의 경우 독일에 한시적으로 체류를 하는 것으로 간주를 하여 이들에게 지원되는 생계급여는 통상적인 사회문화적 최저수준이 아니라, 육체적 생존만을 보장해 줄 수 있는 아주 낮은 수준의 급여로 결정된다(Classen, 2008; 한국보건사회연구원, 2012b).

〈표 5-5〉 국가별 난민 · 망명자에 대한 사회복지정책 유형 비교

사회복지정책	한국	미국	호주	독일	일본
1. 공공부조	• 긴급복지 지원	• SSI(7년간) • SNAP(7년간) • TANF(5년간) • 메디케이드(7년간)	• 가족세제급여 • 실업수당 • 노령연금 • 주거비 보조	• 난민급여 제도	• 생활보호
2. 사회보험	• 국민연금 • 건강보험 • 고용보험 • 산재보험 • 노인장기 요양보험	(5년 이상 거주시) • 메디케어 buy-in(5년 후) • 실업/산재보험	• 기업연금 • 산재보험	-	• 국민연금 • 후생연금 • 국민건강보험 • 건강보험 • 고용/산재보험 • 개호보험
3. 주요 사회서비스					
가족서비스	-	• 난민 농업지원 프로그램(RAPP) • 소수민족출신자 지역지원 프로그램 • Individual Development Accounts(IDA) • Matching Grant Program (MG) • 특별 난민프로그램 • 난민 노인을 위한 서비스 • 난민고아를 위한 보호서비스	• 보육 • 노인 및 장애인	-	• 아동/장애수당 • 아동/노인복지 • 아동복지시설 입소 • 정신장애자 복지
교육서비스	• 미성년자에 대한 초 · 중등 교육서비스	• School Impact	• 교육	-	-
의료서비스	• 의료지원 서비스	• Cash & Medical Assistance(CMA) • 건강예방 프로그램 • 고문희생자 치료 지원서비스	• 의료보호	• 매우 제한적인 의료보호	• 모자보건
주거서비스	• 난민지원 시설운영	• 주택서비스	• 공공주택 • 주택개조 • 주택구입비 지원	-	-
취업서비스	-	• Microenterprise Development	• 구직지원 서비스	-	• 임금지불 • 노조 지위확보 • 직업소개

자료: 김안나 외(2012: 293) 내용을 수정 · 보완함.

두고 적용하고 있어 SSI, SNAP, 메디케이드는 7년간, TANF는 5년간 혜택을 받을 수 있으며, 이 기간 이후의 혜택여부는 주에 따라 달라질 수 있다. 이 외에도 미국은 난민을 위한 다양한 프로그램을 제공하고 있다. 특히 난민 재정착 프로그램이라는 포괄적인 정책을 통해 의료, 주거, 교육, 취업 및 보호 서비스 등을 폭넓게 지원하고 있다[14]. 호주 또한 정부가 통합된 인도주의정착전략(IHSS) 프로그램을 실행하며 난민들의 원활한 호주사회 적응을 위해 다양한 서비스를 제공하고 있다. 일본도 난민에 대해서는 많은 정책적 영역에 지원을 하고 있는 것으로 나타났다. 일본은 다른 선진국에 비해 국내 난민 인정률이 낮아 국제적으로 많은 비판을 받아왔으나 2010년 아시아 최초로 재정착난민제도를 도입하는 등 일본 사회에서의 난민에 대한 사회적 관심은 확산되었고 법적 권리 또한 크게 향상되었다(신지원 외, 2012). 한국 또한 난민법을 제정하고 재정착난민제도의 시행을 공고하는 등 난민지원 관련 다양한 정책적 지원을 확대하고 있다[15].

4. 결혼이민자

결혼이민자에 대해 포괄적인 사회복지정책이 적용되는 한국에서는 내국인과 동일한 공공부조의 자격을 부여하고 있다. 한국인과 결혼하여 미성년자녀를 양육하는 결혼이민자의 경우 국민기초생활보장과

14) http://www.acf.hhs.gov/programs/orr/programs
15) 2013년 난민법 시행 이후 신청난민은 급격히 증가하여 2019년까지 누적 난민신청건수는 6,400여건에 달하고 있으나 난민으로 인정받은 사람은 총 1,022명으로 매우 낮은 난민인정현황을 볼 수 있다(법무부, 2020a). 이에 난민신청과정상의 문제점을 해소하고 난민들의 생존을 위한 보다 실제적인 정책집행의 구체화가 필요한 시점이다.

〈표 5-6〉 국가별 결혼이민자에 대한 사회복지정책 유형 비교

사회복지정책	한국	호주	독일	일본
1. 공공부조	• 국민기초생활보장 • 긴급복지지원 • 기초연금* • 근로장려세제*	• 가족세제급여 • 실업수당* • 노령연금* • 주거비 보조	• 사회부조 • 실업자 기초소득보장	• 생활보호
2. 사회보험	• 국민연금 • 건강보험 • 고용보험 • 산재보험 • 노인장기요양보험	• 기업연금 • 산재보험	• 국민연금 • 건강보험+ 장기요양보험 • 고용보험 • 산재보험	• 국민연금 • 후생연금 • 국민건강보험 • 건강보험 • 고용/산재보험 • 개호보험
3. 주요 사회서비스				
가족서비스	• 다문화가족지원 • 성매매, 가정폭력방지 및 피해지보호 • 한부모가족지원	• 보육 • 노인 및 장애인	• 아동수당 • 부모수당	• 아동/장애수당 • 아동/노인복지 • 아동복지시설 입소 • 정신장애자복지
교육서비스	• 한국어교육서비스 • 다문화가족통합교육 • 다문화가족자녀 언어 발달지원	• 교육	• 사회통합프로그램 • 공공교육	• 유치원, 의무교육
의료서비스	• 의료지원서비스	• 의료보호	• 의료보호	• 모자보건
주거서비스	• 다문화가족에 대한 공동주택 특별공급	• 공공주택 • 주택개조 • 주택구입비 지원	• 주거급여	-
취업서비스	• 취업훈련정보제공, • 일자리발굴 및 알선 서비스제공 • 취업지원을 위한 교육 및 프로그램운영	• 구직지원 서비스	• 노동허가	• 임금지불 • 노조 지위확보 • 직업소개

* 대기기간 적용 후 수급.
자료: 김안나 외(2012: 292) 내용을 수정 · 보완함.

긴급복지지원이 적용되며, 기초연금과 근로장려세제는 제한적으로 적용되고 있다. 5대 사회보험은 자격요건에 따라 모두 적용이 되며, 사회서비스의 경우 가족, 교육, 의료, 주거 및 취업서비스 등 다양하게

제공되고 있다(설동훈, 2013; Kim, 2016). 미국은 체류 외국인에 대해 결혼이민자라는 개념으로 구분하고 있지는 않고 영주권자의 배우자, 시민권자의 배우자 등으로 포함되어 이민자(영주권자)를 위한 각종 서비스의 혜택을 받고 있다(구인회 외, 2008). 호주의 경우 공공부조는 가족세제급여, 실업수당, 노령연금 등을 통해 적용되고 있으며 기업연금과 산재보험이 적용된다. 복지급여에 있어 영주권자와 차별이 없는 호주의 결혼이민자는 사회서비서스의 경우 보육, 노인 및 장애인, 교육, 의료서비스의 혜택을 받고 있다[16]. 독일은 실업부조 및 사회부조제도에 대해 최초 3개월은 신청할 수 없으나 그 이후에는 적용이 가능하며, 취업 시 사회보험은 적용 가능하다[17]. 일본 또한 결혼이민자에 대해 공공부조와 사회보험 및 기타 사회서비스에 대해 수혜자격을 부여하고 있다(임경택·설동훈, 2006).

5. 비이민자, 불법체류외국인, 해외이주동포

이민 비자가 아닌 취업목적으로 입국한 한시적 체류자를 포함하는 비이민자에 대해 미국에서는 OASDI(Old-Age, Survivors and Disability Insurance), 실업보험 및 가족, 교육, 의료, 취업서비스 등이 제공되고 있다(구인회 외, 2008; Broder & Blazer, 2011). 일본의 경우 불법체류외국인에 대해 건강보험과 후생연금만 적용을 하고 가족 서비스 및 아동복지시설 입소, 일부 취업서비스는 가능하도록 하고 있다[18]. 한편,

---

16) DIC(2011a), FaHCSIA(2009), Department of Human Services(2012), Department of Health and Ageing(2011), Department of Health and Ageing(2012), Education & Communities(2012).

17) Bundesagentur für Arbeit(2010), Classen(2008), Bundesamt für Migration und Flüchtlinge(2011).

독일의 경우 해외이주동포는 이민정책의 중요한 대상이 되고 있기 때문에 공공부조와 사회보험 및 사회복지서비스 모두에 대해 매우 관대한 적용을 받고 있음을 알 수 있다[19].

〈표 5-7〉 국가별 비이민자, 불법체류외국인, 해외이주동포에 대한 사회복지정책 유형 비교

사회복지 정책	비이민자, 불법체류외국인		해외이주동포
	미국	일본	독일
1. 공공부조	-	-	• 사회부조 • 실업자 기초소득보장
2. 사회보험	• OASDI (B1,D1/D2 비자) • 실업보험	• 건강보험 • 후생연금 • 산재보험 • 고용보험	• 국민연금 • 건강보험+장기요양보험 • 고용보험 • 산재보험
3. 주요 사회서비스			
가족서비스	• WIC	• 아동/노인복지 • 정신장애자복지 • 아동복지시설입소	• 아동수당 • 부모수당
교육서비스	• 무료 고등교육 • 성인 · 아동 ESL 프로그램 • 헤드/이븐스타트	-	• 내국인에 준하는 수준 또는 그 이상의 교육
의료서비스	• 지역보건 및 보건소 • 메디칼, 헬시키즈 • 영아 및 산모 의료권리	• 모자보건	• 의료보호
주거서비스	-	-	• 주거부조
취업서비스	• 직업훈련	• 임금지불 • 노조 지위확보	• 노동허가

자료: 김안나 외(2012: 294-295) 내용을 수정 · 보완 및 재구성.

---

18) 일본 국립사회보장 · 인구문제연구소(2007), 임경택 · 설동훈(2006), http://www.moj.go.jp

19) Bundesagentur für Arbeit(2010), Classen(2008), Bundesamt für Migration und Flüchtlinge(2011).

6. 외국인 체류자격별 사회복지정책 국제비교

노동시장에서의 근로를 바탕으로 한 기여금 납부와 급여의 수급이 연계되어 있는 사회보험과 달리 일반조세를 재원으로 하는 공공부조와 다수의 사회복지서비스는 일반적인 이민자 적용에 대해 논란이 되고 있어(Barret & McCarthy, 2008), 국가별 적용 여부는 각 국가의 이민정책의 방향과 대상의 중요도에 따라 차별적으로 나타남을 보여준다. 전체적으로 살펴보았을 때, 개인의 기여(contribution)를 조건으로 하는 사회보험의 경우, 적용 범위 및 조건의 차이는 있으나, 체류 외국인 전반에 대해 포괄적으로 적용되고 있음을 보여준다. 이는 노령, 질병, 실업, 산재 등 다양한 사회적 위험에 대한 사적 기여를 근간으

〈표 5-8〉 외국인 체류자격별 사회복지정책 적용 범위 비교

	한국				미국				호주				독일					일본				
	영주권자	외국인근로자	난민	결혼이민자	영주권자	외국인근로자	난민	비이민자	영주권자	외국인근로자	난민	결혼이민자	영주권자	외국인근로자	난민	결혼이민자	해외이주동포	영주권자	외국인근로자	난민	결혼이민자	불법체류자
공공부조	×	×	△	○	△	×	△	×	◐	×	○	◐	○	○	○	◐	○	○	○	○	○	×
사회보험	○	○	○	○	○	△	△	△	○	○	○	○	○	○	×	○	○	○	○	○	○	△
가족서비스	×	×	×	○	○	×	○	○	○	△	○	○	○	○	○	○	○	○	○	○	○	○
교육서비스	×	×	△	○	○	○	○	○	○	△	○	○	○	×	×	○	○	○	△	×	△	×
의료서비스	×	○	○	○	○	○	○	○	○	△	○	○	○	○	△	○	○	○	○	○	○	○
주거서비스	×	×	△	○	○	×	○	×	○	×	○	○	○	○	×	○	○	○	×	×	×	×
취업서비스	×	○	×	○	○	○	○	○	○	×	○	○	○	○	×	◐	○	○	○	○	○	○

○: 완전수급, ◐: 대기기간 적용 후 수급, △: 부분수급, ×: 비수급

참고: 1) 독일의 경우 난민을 위한 별도 형태의 공공부조인 난민급여제도가 존재하고 있으며 개인이 난민급여를 48개월 이상 수급하였을 경우 그 시점부터 상대적으로 급여수준이 높은 공공부조(사회부조제도)의 신청자격이 발생하게 됨.

2) 영주자격이 있는 결혼이민자는 결혼이민자로 분류.

자료: 김안나 외(2012: 296) 내용을 수정·보완 및 재구성.

로 하는 사회보험의 특성으로 인해, 체류 외국인을 각 국가별 사회보험의 제도 안에 포괄하는 방식으로 시행되고 있음을 보여준다. 공공부조의 경우 국가별로 외국인 정책의 대상별 관심 정도에 따라 외국인 유형별로 차별적으로 적용되고 있음을 볼 수 있다. 사회복지서비스에 포함되는 다양한 사회서비스는 내용에 따라 국가별 차이를 보이나 결혼이민자에게 집중되어 있는 한국을 제외하고는 외국인 대부분에 대해 영역별로 다양하게 적용되고 있음을 볼 수 있다. 체류 외국인의 유형에 따라 사회서비스의 적용 여부를 살펴보면, 한국을 제외한 모든 국가에서 영주권자에 대해 다양한 서비스를 제공하고 있으며 이에 더하여 한국의 경우 결혼이민자, 미국과 호주의 경우 난민, 독일의 경우 해외 이주 동포들에 더 많은 관심을 두는 사회서비스 정책이 수행되고 있음을 알 수 있다. 종합하면 사회보험은 국가별로 다소 차이는 있으나 체류 외국인 대부분에 대해 포괄적 적용을 하고 있음을 볼 수 있으며 공공부조나 주요 사회서비스의 경우 해당 국가의 외국인 정책 방향과 연관되어 주요한 정책적용 대상들이 상이함을 보여준다.

제4절 이민자 사회복지정책 국제비교의 시사점과 제언

다양한 경제·사회적 이유로 인해 인구의 높은 국가 간 이동성은 지속해서 유지될 것으로 예상된다. 이는 지난 20세기 동안 송출국이었던 한국 사회가 이제 새로운 이민 유입국으로 정의되고 있다는 사실에서도 잘 알 수 있다(Castles & Miller, 2009). 사회통합을 "다양한 특성을 지닌 구성원들이 공동체에 대한 소속감을 갖고 공동의 비전을 공유하며 긍정적인 관계를 유지하는 상태”(노대명 외, 2009)로 정의한다면, 적절하게 설계된 체류 외국인 대상 사회보장정책을 제공하는 것은 이를 달성하기 위한 중요한 수단의 하나가 될 수 있다. 본 장에서는 현재 우리나라의 체류 외국인 대상 사회보장정책의 적절성을 가늠해 보고 향후 개선을 위한 방향을 도출하기 위해 유의미한 시사점을 제공해 줄 것으로 기대되는 일부 국가를 대상으로 체류 외국인 유형별로 적용되는 복지정책수단들의 유형과 내용, 범위 등을 비교하였다.

국가별로 체류하고 있는 다양한 외국인들은 각국의 이민법과 국적법에 따라 다양하게 범주화될 수 있으나 본 연구에서는 체류자격 및 이주목적에 따라 크게 영주권자, 외국인 근로자, 인도주의적 난민 등을 공통 유형으로 분류하고 각국의 이주역사 및 이민정책을 바탕으로 한국의 경우 결혼이민자, 독일의 경우 해외 이주 동포 등 각국의 특수한 유형 등을 함께 살펴보았다.

영주권자의 경우 한국은 2002년 출입국관리법 개정을 통해 영주 체류자격을 신설하면서 제도 시행 초기 재한 화교가 압도적 다수를 차지하였으나, 현재 영주권 소지자가 약 15만 명으로 크게 증가하였다. 그러나, 우리나라의 영주권 제도는 출입국 상의 편의와 체류 안정성 제공과 더불어 지방자치선거 참여가 허용되는 제한적 정치권만 허용할 뿐, 복지, 노동 등 여타 사회정책 등에서 별다른 혜택을 부여하지 않는다는 점에서 비교 대상 국가들과 차이를 보인다. 전통적 이민 국가인 호주의 경우 엄격한 이민자 선별을 통해 조기 사회통합을 진행하면서 영주권을 획득한 이들에게 보다 광범위한 복지혜택을 제공하고 있다. 이는 체류상의 지위에 따라 위계화되어 있는 호주의 체류 외국인 대상 사회복지제도가 관광객 등 단기 방문자, 유학생, 기술직 장기체류자, 일반 영주 이민자, 난민 등의 순으로 사회보장 급여와 서비스에 대한 접근성이 증가하도록 설계되어 있기 때문이다(김안나 외, 2012). 타 체류 외국인 유형보다 영주권자에게 더욱 다양한 복지혜택을 제공하는 것은 미국과 독일, 일본에서도 공통적으로 나타나고 있다. 비교 대상 국가들의 영주권자는 개인의 기여를 바탕으로 하는 사회보험뿐만이 아니라 조세를 기반으로 하는 공공부조와 대부분 사회서비스에도 적용대상이 될 수 있어, 사회보험으로 국한되어 있는 한국의 영주권자와는 차별성을 보이고 있다. 이를 고려할 때 영주권자에 대한 사회복지정책 적용의 확대는 향후 우리나라에서 영주권자의 사회통합 제고를 위해 지속해서 논의되어야 할 과제임이 분명하다.

노동을 통한 경제적 삶의 질 향상을 위해 이주한 외국인 근로자의 경우, 경제활동을 통한 기여금 납부와 급여 수급이 연계되어 있는 사회보험은 비교 국가 모두에서 적용되지만, 공공부조와 사회복지서비스는 국가별로 상이하게 적용되고 있다. 한국과 유사하게 외국인 근로자 정책을 표방하는 독일과 일본은 이들을 대상으로 다양한 사회서비스를 제공하는 등 보다 적극적인 사회복지정책을 구현하고 있다. 이러한 추세는 독일의 경우 유럽연합 회원국 출신의 이민자, 일본의 경우 라틴아메리카 출신 니케이진 인구가 급격히 증가하고 이들의 상당수가 정주 경향을 보이면서 결과적으로 실질적 다문화사회임을 인정하는 사회적 목소리가 증가하게 된 상황과도 연관되어 있다(설동훈, 2013). 이들 국가와 우리나라의 근본적인 차이는 외국인 근로자에게 정주를 허용하지 않고 순환교체정책을 엄격히 고수하고 있는 데 근거하며, 이에 따른 가족동반 금지, 불법체류 근로자 자녀의 교육문제 등 외국인 근로자의 인권이 지속적인 사회문제로 지적되고 있다. 우리사회의 지속적 발전을 위해 외국인 근로자의 유입이 필수적인 상황임을 인식할 때 외국인 근로자에 대한 인권 보장과 함께 보다 포괄적인 사회통합적 차원의 지원정책들이 고민돼야 할 것이다.

국가 정책적으로 난민을 포함한 인도주의 이민을 허용한 미국과 호주의 경우 난민에 대한 적극적 보호 정책을 표방하고 있다. 호주의 경우 난민은 영주이민자뿐만 아니라 시민권자와 동일한 수준의 제도적 보호를 받고 있다. 미국은 다양하고 적극적인 난민을 위한 제도를 시행하고 있으며, 교육지원 등 난민들의 인적자본 개발을 중요시하고 있다. 또한, 시 단위에서 지역사회에 기반을 둔 비영리기구 또는 시민단체와 협력하여 인종 및 집단 간의 화합의 도모를 활성화하고 있는 점을 주요한 특징으로 들 수 있다. 독일 역시 난민을 위한 별도 형태의 공공부조인 난민급여제도를 운영하는 등 이들을 제도적으로 보호하고 있음을 볼 수 있다. 특히, 한국과 함께 대표적인 폐쇄적 이민정책을 표방하고 있는 일본(Chung, 2014)의 난민 정책의 변화는 우리에게 상당한 시사점을 준다. 난민협약가입국임에도 불구하고 한국과 일본은 연간 난민 인정 건수가 몇십 명에 불가한 소극적 난민 정책으로 그동안 국제사회로부터 비판을 받아왔다. 그러나 일본은 2010년 아시아 최초로 재정착난민제도를 도입하는 등 난민 정책에 있어 변화의 움직임을 보이며 난민정착지원사업, 다양한 정착지원프로그램 등 난민신청자의 제도적 지원강화 등을 수행하고 있다. 이처럼 비교 대상 국가들이 비록 상이한 수준이지만 난민을 대상으로 한 포괄적인 제도 지원을 실시하고 있다는 사실은 2013년 난민법 시행 이후 난민신청자가 급증하고 있는 한국의 경우에도 난민의 처우개선과 지원을 위한 제도 구축과 정책 범위 설정이 이루어져야 할 필요성을 강조한다고 볼 수 있다.

비교 대상 국가에서는 불법체류자들에 대해서도 일정한 복지지원을 하고 있다는 점에 주목할 필요가 있다. 외국인 지원을 위해 외국인 이주민 자격별 법적 적격성을 우선시하는 미국도 불법체류자 자녀에게는 교육 지원 등 다양하고 적극적인 정책을 시도하고 있다. 또한, 일본의 경우에도 최근 들어 교육 및 각종 사회서비스 혜택을 불법체류외국인에게까지 넓히고 있다. 불법체류외국인에 대한 지원이 사실 부재하다시피 한 한국 상황을 고려할 때, 이러한 주요 국가들의 추이는 교육 등 인권 차원에서 이들을 대상으로 하는 기본 서비스를 확대할 필요가 있다는 주장에 힘을 실어 준다.

비록 국가별로 적용 기준이 다소 상이하지만, 결혼이민자에 대한 사회복지정책 적용 범위를 비교해 보면 한국은 다른 국가들보다 포괄적인 사회복지정책이 적용되고 있음을 볼 수 있다. 그러나 이를 다른 체류 외국인들에게는 부재한 사회복지정책의 집중으로 평가할 수 있을지는 의문이다. 결혼이주여성의 경우 결혼을 통해 한국사회의 일원으로 진입한 경우로, 이민자 개인적 요구와 유입국의 국가적 필요가 만나 일정 부분 정책적으로 이루어진 가족 형성을 위한 이주 현상이다. 이들은 결혼을 통해 한국사회의 정주를 목적으로 이주해 왔으며 한국인과 가족을 이루며 한국 가족의 구성원으로 인식되며 내국인과 부합되는 사회복지정책의 지원대상으로 간주된다. 따라서 결혼이주여성과 기타 체류 외국인의 정책지원 범위 간의 단선적인 비교보다는 다른 비교 대상 국가들에 비해 사회복지정책에서 배제되어 있는 한국사회의 외국인 근로자, 난민 등에게 어떻게 효과적이고 적절한 제도지원을 제공할 수 있는가에 대한 논의가 우선시되어야 할 것이다.

본 장에서는 국내 체류 외국인에 대해 유형별로 접근함으로써 이들에 대한 통합적 분석을 시도하였다. 또한, 외국인에 대한 다양한 지원 내용들을 공공부조, 사회보험, 사회서비스 등으로 종합하여 접근함으로써 체류 외국인 대상 사회복지연구의 제도적 체계화를 시도하였다. 이에 본 연구 결과는 국제비교를 바탕으로 현 한국의 체류 외국인에 대한 사회복지정책의 비판적 검토를 가능하게 하고 정책대상의 선정 및 적용 범위 확대 논의에 기초자료로 활용될 수 있으리라 사료된다. 다만 본 연구는 비교 대상 국가의 체류 외국인 유형별로 혜택을 받을 수 있는 사회복지정책의 적용 여부에 초점을 두었기 때문에, 국가별 체류 외국인 대상자들이 받는 사회복지정책의 실질적 혜택의 정도나 서비스의 질적 수준에 대해서는 본격적으로 분석하지 못하고 있다는 한계를 지니며 이는 후속 연구를 통해 보완될 수 있을 것이다.

제6장

한국 이민자 복지정책의 쟁점과 과제

제6장 한국 이민자 복지정책의 쟁점과 과제

제1절 외국인정책 기본계획 개요

외국인정책 기본계획은 그동안 각 부처에서 개별적으로 진행해 온 한국의 이민자 정책을 중·장기적 관점에서 종합적이고 체계적으로 실행하기 위해 수립하여 추진하고 있는 정부의 정책으로 요약할 수 있다. 최근까지 한국 이민자 정책의 근간이 되어 온 『제2차 외국인정책 기본계획('13~'17)』을 살펴보면 "세계인과 더불어 성장하는 활기찬 대한민국"이라는 비전 아래 5개의 정책목표와 목표별로 3~5개의 중점 과제를 선정하여 실행되어 왔다.

〈표 6-1〉 제2차 외국인정책 기본계획 정책 목표 및 중점 과제

정책목표		중점 과제
1. 개방	경제활성화 지원과 인재유치	1. 내수 활성화 기여 외래관광객 유치
		2. 국가와 기업이 필요한 해외 인적자원 확보
		3. 미래 성장동력 확충을 위한 유학생 유치
		4. 지역 균형발전을 촉진하는 외국인 투자 유치
2. 통합	대한민국의 공동가치가 존중되는 사회통합	1. 자립과 통합을 고려한 국적 및 영주제도 개선
		2. 체계적인 이민자 사회통합프로그램 운영
		3. 국제결혼 피해방지 및 결혼이민자 정착 지원
		4. 이민 배경 자녀의 건강한 성장환경 조성

		5. 이민자 사회통합을 위한 인프라 구축
3. 인권	차별방지와 문화다양성 존중	1. 이민자 인권존중 및 차별방지 제도화
		2. 다양한 문화에 대한 사회적 관용성 확대
		3. 국민과 이민자가 소통하는 글로벌 환경 조성
4. 안전	국민과 외국인이 안전한 사회구현	1. 안전하고 신뢰받는 국경관리
		2. 질서 위반 외국인에 대한 실표적 체류 관리
		3. 불법체류 단속의 패러다임 다변화
		4. 외국인에 대한 종합적인 정보관리 역량 제고
5. 협력	국제사회와의 공동발전	1. 이민자 출신국, 국제기구 등과의 국제협력 강화
		2. 국가 위상에 부합하는 난민 정책 추진
		3. 동포사회와의 교류, 협력 확산

출처: 제2차 외국인정책 기본계획.

외국인정책 기본계획 수행을 위한 추진 분야별 재원 상황을 연차별로 살펴보면, 현재 한국의 외국인 정책 나아가 이민자 정책이 어떠한 영역에 중점을 두고 수행되고 있는가를 볼 수 있다.

〈표 6-2〉 제2차 외국인정책 기본계획 연차별 투자 계획 (단위: 억 원)

구분 \ 연도		계	2013	2014	2015	2016	2017
총계		15,068.57	2,619.79	2,767.75	3,114.63	3,256.38	3,310.02
국비	일반회계	8,813.12	1,570.55	1,453.50	1,805.92	1,915.58	2,067.57
	특별회계	397.86	162.86	71.90	41.00	56.50	65.60
	기금	5,125.29	756.13	1,099.05	1,120.46	1,131.90	1,017.75
	소계	14,336.27	2,489.54	2,624.45	2,967.38	3,103.98	3,150.92
지방비		707.30	125.25	138.30	142.25	147.40	154.10
기타(민자 등)		25	5	5	5	5	5
추진 분야별	개방	6,275.40	1,424.46	952.39	1,203.33	1,297.84	1,397.38
	통합	5,465.67	760.96	1,083.97	1,170.04	1,256.05	1,194.65
	인권	1,937.27	332.95	379.78	397.06	408.79	418.69
	안전	778.65	16.62	229.73	212.70	161.80	157.80
	협력	611.58	84.80	121.88	131.50	131.90	141.50

출처: 제2차 외국인정책 기본계획.

제2차 외국인정책 기본계획이 시작되는 2013년부터 기본계획이 마무리되는 2017년까지 전체 외국인정책 수행을 위한 예산은 점차 증가하여 2017년은 2013년 대비 약 1.26배 증가를 보이고 있다. 이러한 증가는 지방비보다는 국비에서 더 크게 나타나 중앙정부의 외국인정책 수행에 대한 높은 투자 의지를 볼 수 있다. 추진 분야별로 살펴보면, 전체 분야 중 가장 높은 비중을 차지하는 분야는 개방과 통합으로 총 5개년 예산의 약 40%와 36%를 차지하며 높은 정책수행의 관심을 보이고 있다. 특히 통합의 경우 2013년 초기 약 761억 원의 예산에서 2017년 약 1,195억 원의 재정 투자계획이 마련되면서 거의 1.6배에 달하는 예산의 증가를 보이고 있다. 이는 현재 정부의 외국인 정책에서 중요한 이슈 중 하나가 이민자 통합임을 보여주는 지표라 할 수 있다.

제2절 한국 이민자 복지정책의 쟁점과 과제

1. 한국 이민자 복지정책의 쟁점

사회권적 이민자 복지정책 수행의 필요성

이민자 복지정책의 실현은 주류사회의 구성원이 새로운 이주구성원에 대한 시혜적 자선의 관점이 아니라 한 사회의 시민으로서 마땅한 권리로 규정받아야 할 사회권(social right)적 관점을 바탕으로 출발한다(김안나, 2012). 사회권은 그 사회에서 존재하는 인간에게는 인간의 존엄성을 유지하면서 살 수 있는 권리가 천부적으로 주어졌다는 천부인권(天賦人權) 사상을 바탕으로 건강하게 살 수 있는 건강권, 기본적인 교육을 받을 수 있는 교육권, 인간의 존엄성이 유지되는 주거권, 노동력을 제공하는 노동자로서 정당한 노동의 대가를 보장하는 노동권, 그리고 무엇보다도 그 사회에서 기초적인 생활을 할 수 있는 생존권적 권리를 요구하게 된다(문진영 외, 2008). 사회권은 '사회적 성과와 유산의 공유를 강화하는 차원에서 사회서비스를 통해 이루어지는 국민을 위한 국가의 의무규정과 책임수행'을 주요 내용으로 하며, 사회보장, 사회복지서비스, 의료, 교육 등 사회적 급여나 혜택이 국가나 사회로부터 시혜나 자선을 받는 것이 아니라 시민으로서의 마땅한 권리로 규정하고 있다(김형식, 1995; 안치민, 2006). 이에 이민자 복지정책은 정책의 보편적 시행 원칙 아래 사회권의 확보가 기초되어야 할 것이다. 따라서 결혼이민자에게 치중되어 있는 한국 이민자 복지정책은 사회권적 관점에서 이민자복지 정책 수립과 수행의 전환점을 필요로 하게 된다.

보편성의 원칙에 기반한 사회적 할당의 필요성

정부 각 부처에서 다양하게 시행되고 있는 이민자 정책을 검토해 볼 때, 이민자 사회통합정책의 대상이 국내 정주가 예상되는 모든 외국인이 해당됨에도 불구하고 결혼이민자 이외의 체류 외국인 대부분은 사회통합 정책의 대상으로 할당되지 못하며 이들에 대한 정책발굴 또한 미흡한 실정이다. 특히 체류 외국인의 많은 부분을 차지하는 외국 국적 동포와 외국인 근로자에 대한 지원정책은 결혼이민자에 비해 매우 취약한 실정이다. 따라서 우리사회 구성원으로 역할을 수행하고 있는 다양한 외국인에 대한 사회적 권리(social right)를 보장해 줄 수 있는 보편성의 원칙에 기반한 사회적 할당이 모색되어야 할 것이다. 이에 기반한다면 가장 시급한 문제는 할당과 재정의 불균형한 예산구조의 개편이 될 것이다. 국내 체류 외국인 이민자 중 외국인 근로자와 외국 국적 동포들은 대다수를 차지하고 있음에도 불구하고, 정작 외국인에 대한 예산은 전체의 약 7%인 결혼이민자를 위한 정책에 재정 대부분이 소요되고 있어 불균형한 배분 상황을 보이고 있다 (Kim, 2016). 앞서 살펴본 이민자 복지정책의 재정 현황은 결혼이민자를 위한 다문화가족 지원정책에 상당 부분 예산이 편중되어 있음을 보여준다. 결혼이민자로 인해 다문화가정이 증가하고 있어 이들에 대한 복지정책이 중요하지만, 외국인 근로자, 북한이탈주민, 해외동포, 난민 등에 대한 지원정책에도 관심을 집중할 필요가 있을 것이다. 특히 이들은 취약계층에 포함되어 긴급지원과 의료지원 등 부분적인 서비스들이 제공되고 있으나, 사회통합의 차원에서 이들이 한국사회에 적응하고, 그들의 역량을 강화할 수 있도록 보다 적극적인 예산 편성과 배분을 통한 할당과 재정의 균형을 이루어야 할 것이다.

사업의 총괄, 조정기능 강화의 필요성

이민자 자녀에 대한 양육 및 교육지원은 부처 간 지원대상과 서비스 제공방식이 매우 유사함에도 조정이 이루어지지 않고 있으며, 재학 중인 이민자 자녀에 대한 맞춤형 서비스가 중복적으로 시행되고 있다(김안나, 2012; Kim, 2016). 예를 들어 방문을 통한 이민자 자녀에게 1:1 맞춤형 서비스를 지원하는 경우, 서비스 제공방식이 매우 유사하거나 지원대상이 겹치는 경우, 혹은 두 개의 부처에서 유사한 서비스를 동시에 시행하면서 비효율적으로 자원이 낭비된다는 지적이 있다. 취학 전 아동의 발달지원과 관련해서도 여러 부처에서 유사한 서비스들이 제공되고 있다. 여성가족부는 다문화가족 자녀들이 적절한 언어발달을 위하여 언어발달지도사를 파견하고 있고, 교육부는 소외계층 유아 발달 및 학습격차 등으로 발달지연의 가능성이 큰 아동에게 희망유아교육사를 파견하고 있으며, 보건복지부도 아동의 인지능력 향상을 목적으로 하는 아동인지능력 향상 사업을 시행하고 있다(김안나, 2012). 취업지원서비스는 직업상담에서 시작하여 직업교육훈련, 취업알선, 사후관리까지 취업과 관련되어 종합적으로 이루어지는 서비스이다. 취업지원서비스가 효율적으로 운영되기 위해서는 무엇보다도 기관 간의 연계나 역할의 분담이 명확해야 하지만, 결혼이민자의 취업지원과 관련해서는 부처들 간의 역할분담이나 연계가 명확히 이루어지지 않고 각 부처 간 서비스 제공으로 인해 여성가족부와 고용노동부 간의 업무 중복이 나타나고 있다. 따라서 사업을 계획하고 체계적으로 조정하여 업무의 중복을 방지하기 위한 통합된 관리시스템이 보다 강화되어야 할 것이다.

2. 이민자 복지정책 수행을 위한 '사회적 포용'

이상에서 살펴본 현재 우리사회 이민자 복지정책의 쟁점들을 해결하기 위한 한 대안으로 정책 수요를 반영한 사회통합 정책의 대안적 개념인 '사회적 포용' 개념의 적용을 제안하고자 한다. 결혼이민자 중심의 이민자 복지정책에서 다양한 이민자집단의 정책 수요를 반영한 이민자의 다양한 욕구에 대응하는 사회통합정책 수행을 위해 사회적 포용 정책에 대한 국가적 고려가 필요한 시점이다. 이는 기존의 이민자 사회통합정책이 다양한 이민자를 포괄하는 이민자 통합정책으로서의 실질적 역할을 수행하기보다는 규범적(nominal) 개념으로 존재했다는 비판에서부터 시작된다(Kim, 2016). 이주민의 유입이 꾸준히 증가하면서 신생 이민국(a new immigration country)으로 인식되고 있는 한국의 현실을 고려할 때, 외국인들이 한국사회 내에서 개인의 삶의 가치를 실현할 수 있는 이민자 사회통합정책의 실질적 지평 확대는 절실하다. 이러한 실질적 사회통합정책의 지평 확대를 위하여 이민자의 기본적인 욕구 영역인 빈곤, 주거, 건강 등 이민자의 복지정책에 초점을 둔 사회적 포용(social inclusion) 개념의 적용을 제안하고자 한다.

이민자 통합을 위한 사회적 포용 개념 적용

사회적 포용(social inclusion)이란 무엇인가? 사회적 포용은 한 사회에 대한 다차원적 접근으로 개인 삶의 영위를 위한 기본적 욕구가 채워지지 못하거나 결핍되는 사회적 배제(social exclusion)에 대응되는 개념이다. 이는 좁게는 사회보장제도의 적용을 받지 못하는 사람들에 대한 보호, 넓게는 빈곤과 실업을 포함한 사회적 위험으로부터 모든 국민을 보호하는 것을 의미한다(노대명 외, 2009). 유럽연합(EU)의 이민자 통합지표(migration integration indicators) 내 사회적 포용(social inclusion)지표에는 중위순소득, 빈곤위험률(60%), 자가건강상태, 자산보유비율(EU, 2010) 등이 있고 추가지표로는 아동빈곤, 의료보호미충족, 기대수명, 건강햇수, 주택비용부담, 주거과밀, 근로빈곤, 만성빈곤 등이 있다. 이민자의 사회적 포용은 한국사회의 새로운 구성원으로 유입된 이민자들의 삶의 가치를 실현하기 위해 한국 사회보장제도의 적용 범위에서 배제된(excluded) 영역을 파악하고 정책적·제도적으로 포용(inclusion)하고자 하는 접근이다(Kim, 2018a; 정기선 외, 2016). 이민자 사회적 포용 정책의 방향은 먼저 다양한 이민자를 대상으로 한 사회적 포용 정책의 실현을 의미한다. 이는 결혼이주여성과 다문화가족을 중심으로 둔 기존의 이민자 통합정책에서 벗어나 다양한 외국인 이민자를 대상으로 한 종합적이고 포괄적인 접근의 필요성에 근거한다. 즉 우리사회에 정주를 목적으로 이주한 결혼이민자, 이민자의 자녀, 외국국적동포뿐만 아니라, 유학생과 전문기능인력 및 단순외국인력의 다양한 정책 수요에 다각적으로 대응함으로써 이민자 사회통합정책 대상의 다양화를 꾀함이다. 이는 곧 기존 사회통합정책의 영역 확대를 기초로 한 이민자에 대한 사회적 포용 정책 수립을 의미하는 것으로 종합적 사회통합정책 아래 고용, 교육, 사회권, 이민자 친화적인 지역사회 등을 주요 정책영역으로 하는 이민자 복지정책으로서 사회적 포용 정책을 이해하는 것이다.

이민자 사회통합의 관점에서 본 現 이민자 정책의 한계와 문제점

현(現) 한국사회 이민자정책 수행의 기본틀을 마련하는 외국인정책 기본계획을 살펴보면, 먼저 제1차 외국인정책 기본계획(2008~2012)의 경우 사회통합 관련 정책목표는 질 높은 사회통합으로 중점 과제는 다문화에 대한 이해 증진, 결혼이민자의 안정적 정착, 이민자 자녀의 건강한 성장환경 조성, 동포의 역량 발휘를 위한 환경 조성 등이다. 사회통합 부분의 추진 성과는 외국인정책위원회를 통해 '이민'이라는 새로운 정책 분야에 대한 추진체계를 마련했다는 데 그 의의가 있다(정기선 외, 2016). 즉 정부 및 민간 등 사회 전 분야에서 이민자 지원에 관한 관심과 사업의 증가 및 수혜의 기회가 확대되었고 부처 간 개별적으로 진행되어 오던 이민자 지원사업을 범정부 차원에서 추진하는 체계적 지원 노력—사회통합프로그램의 시행—을 꼽을 수 있다. 그러나 대부분의 부처별 사업이 결혼이민자와 그 자녀의 지원에 편중되어 있어 외국인 근로자 등 그 외 이민자에 대한 지원과 정책이 상대적으로 취약했다는 한계를 들 수 있다[1]. 그 뒤를 이은 제2차 외국인정책 기본계획(2013~2017)의 경우 사회통합 관련 정책목표를 대한민국의 공동가치가 존중되는 사회통합으로 선정하여 중점 과제로 자립과 통합을 고려한 국적 및 영주제도 개선, 체계적인 이민자 사회통합프로그램 운영, 국제결혼 피해방지 및 결혼이민자 정착지원, 이민배경자녀의 건강한 성장환경 조성, 이민자 사회통합을 위한 기금조성 등 인프라 구축을 강조하였다. 추진 성과로는 이민자 증가에 따른 각종 문제 해결에 주안점을 둠으로써, 해외 우수 인재에 대한 입국을 확대하고 개도국 우수 인재에 대한 취업기회 확대, 사회통합프로그램 운영기관 기능 강화 및 교육 확대, 사회통합정보망(Soci-Net) 운영 활성화, 결혼이민자 지원의 확대(국제결혼 피해방지 관리 강화, 결혼이민자 한국 생활 초기적응 지원, 결혼이민자 경제자립 역량 강화 지원(맞춤형 일자리, 영농, 취업교육, 사회적 기업 재정지원)), 이민배경자녀 성장환경 조성(이민배경자녀 초기적응 지원, 이민배경청소년의 진로 및 진학지도 강화, 다문화 친화적 교육환경 구축) 등을 들 수 있다. 그러나 결혼이민자 혹은 이주민의 초기적응에 집중된 지원 프로그램, 한국사회 이해, 한국어 교육 등 초기 이주민 적응을 위한 사회통합프로그램에 집중 등 기존의 한계를 벗어나지 못한 문제점들을 내재하고 있다. 이에 이주민의 다양화, 이주의 장기화 및 정주화에 대비한 이민자 사회통합프로그램에 대한 장기

1) 예를 들어 중앙행정기관 외국인정책 시행계획의 사회통합 분야 예산 중 결혼이민자와 자녀 관련 예산은 12년 91.3%인 반면, 외국인 근로자 관련 예산은 6.8%에 불과하다(Kim, 2016).

플랜의 필요성이 대두되고 있는 시점이다. 따라서 현 이민자 복지정책의 문제점은 아래와 같이 요약될 수 있다. 첫째, 초기 정착지원 중심의 통합 정책의 수행이다. 장기거주 이민자가 점차 증가함에 따라 이민자 자녀의 교육, 이민자 고용기회 제공을 위한 경제활동지원 등 다양한 정책 수요가 요구되고 있으나 이에 대한 정책적 대응이 부족한 실정이다. 따라서 장기적 차원에서의 정주형 이민자의 증가에 대비한 사회통합 플랜이 필요하다. 둘째, 사회통합정책 관련 주요 전달체계의 분절적 운영이다. 이민자 사회통합정책 관련 주요 전달체계가 분절적, 독립적으로 운영됨으로써, 사업의 효율성이 약화되고 종합적 정책수행을 위한 컨트롤타워의 부재로 정책의 중복과 사각지대 등이 발생하고 있다. 이에 정책수행의 효율적 활용이 필요한 시점이다. 즉 정부측에서는 법무부 출입국사무소, 고용노동부의 외국인력 지원센터와 고용센터, 여성가족부의 다문화가족지원센터, 지자체의 자체 기구 및 외국인주민센터, 교육부의 중도입국 청소년 지원 등이 가능하다. 또한, 비정부 기구로써 KOTRA의 전문인력 유치기능과 비전문인력을 위한 외국인력 취업교육 센터 등을 활용함으로써 정책수행의 효율성을 제고할 수 있다. 셋째, 결혼이민자 중심의 이민자 복지정책의 집중된 운영이다. 예를 들어, 결혼이민자는 한국의 대표적 공공부조 정책인 국민기초생활보장제도와 긴급복지지원제도의 적용을 받고 있으며, 가족, 교육, 의료, 주거, 취업서비스 등 다양한 영역의 사회서비스 또한 결혼이민자에게 집중된 경향이 강하게 나타나고 있다(Kim 2016; 설동훈, 2013; 구인회 외, 2008). 반면, 취업자격을 가진 외국인 근로자의 경우 사회보험은 적용되고 있으나, 기타 서비스는 의료서비스와 취업서비스 등이 제한적으로 제공되고 있으며 기타 외국인에 대한 복지제도 혜택은 거의 전무한 상황이다.

이민자 복지정책 추진 목표 및 방향

우리사회의 지속가능한 미래를 위한 이민자 복지정책의 이론적·실천적 방향성을 제시하고자 한다. 이론적 방향성은 대상자 중심의 사회복지정책에서 욕구 중심의 보편적 복지정책으로의 전환을 의미한다. 현재 외국인정책의 주요한 정책대상에 따라 대상자별로 차별적으로 수행되고 있는 이민자 복지정책에서 개인의 욕구와 필요에 기반한 보편적 정책실행의 원칙을 적용하는 것이 필요하다. 이는 정치적 이해관계에 따라 통합의 대상에서 제외되거나 집중되는 이주민 통합정책을 의미하는 것이 아니라, 사회복지제도 안에서 대상자의 기본적 욕구에 따라 보편적으로 적용되는 것이 필요함을 의미한다. 다만, 국적법에 기반한 장기적 논의가 필요한 공공부조보다는 기본적 욕구와 필요에 기반한 보편적 적용이 상대적으로 용이한 사회서비스부터 우선으로 적용할 수 있을 것이다. 이민자 복지정책의 실천적 방향성은 이민자에 대한 사회적 포용 정책을 시작으로 단계적으로 접근하는 것이 필요하다. 이는 시급성에 기반한 단계적 적용 범위의 확대를 의미하는 것이다. 이민자 사회복지정책의 대상자 및 적용 범위에 관한 논의는 국익과 이민자의 인권, 시민권, 사회권 등의 논의와 함께 장기적으로 논의할 필요가 있다. 따라서 유입국의 국익을 바탕으로 한 이민자의 인권문제 해결을 위해 기본적 욕구에서 배제된 영역부터 우선으로 실시하고자 하는 노력이 필요하다. 이러한 이민자 복지정책의 이론적·실천적 기초 아래 다양한 이민자 사회통합정책의 지평 확대가 가능하다. 이는 이민자집단에 대한 기본적 욕구와 필요에 기반한 사회적 포용 정책의 실현을 의미한다. 이를 기반으로 향후 이민자 복지정책은 이민자의 초기 정착지원에서 벗어나 이민자의 생애주기를 고려한 사회통합정책 추진과 외국인 근로자, 결혼이민자, 이민자의 자녀, 외국인 유학생, 외국 국적 동포 등 정책대상의 다양화를 추구한다. 이러한 기초 위에 효율적인 이민자 사회통합프로그램 운영을 위한 전달체계에 대한 정비가 필요하다. 이는 다양한 이민자 유형에 따른 효율적인 사회통합프로그램 개발 및 운영, 이민자가 행복한 사회통합프로그램 운영관리를 위한 one-stop 관리시스템의 구축 등을 기초로 한 이민자 사회통합프로그램 전달체계 정비를 의미한다. 이민자 복지정책으로써 사회적 포용 정책은 이민자의 한국사회 통합을 위한 중·장기적 사회통합 정책 수립의 이론적·정책적 근거를 마련한다. 이민자의 한국사회 통합의 실태를 경험적으로 파악하기 위해 이민자 체류실태조사를 정기적으로 실시하고, 한국형 사회적 포용 지표를 개발하여 측정하는 것은 한국형 이민자 복지정책 수행을 위한 객관적 근거자료로 제시될 수 있을 것이다. 사회적 권리추구의 대상으로, 보편적 복지의 대상으로, 우리사회 이민자들을 재규정할 때 한국사회는 경제 대국 세계 10위권에 걸맞은 국격(國格)을 갖춘 신흥 이민 국가로 자리매김할 수 있을 것이다.

| 참고문헌 |

강동관 외(2017). 『주요국가의 이민정책 추진체계 및 이민법』. IOM 이민정책연구원.

고용노동부. 고용허가제 고용동향. 각 연도.

고준기(2006). 외국인고용허가제의 문제점과 개선방안. 『노동법논총』, 9, 287-327.

곽재석(2011). 포용과 배제의 동포정책과 발전과제. 국내 체류 동포의 정책과제. 『국회다문화가족정책연구포럼』, 49-81.

구인회 외(2008). 『영주권자에 대한 사회통합방안 연구: 사회복지제도의 적용을 중심으로』. 서울대학교 사회복지연구소.

구인회 외(2018). 『미국의 사회보장제도』. 한국보건사회연구원: 나남.

국회예산정책처(2019). 공공부조제도의 현안 및 재정소요 추계. 국회예산정책처.

권경득 외(2019). 호주 이민정책(프로그램)의 실태분석 및 정책적 함의. 『한국비교정부학보』, 23(2), 35-65.

권오정 · 김석호(2016). 영주권자와 귀화자의 생활 만족감. 『보건사회연구』, 36(3), 449-484.

길강묵(2011). 이민자 사회통합 정책의 현황과 과제: 법무부의 이민 정책 현황과 과제를 중심으로. 『다문화사회연구』, 4(2), 139-174.

김기선(2016). 독일의 이민정책과 이민정책 추진체계. 『노동법논총』, 37, 111-158.

김명현(2012). 한국의 외국인정책과 사회통합프로그램. 『다문화와 인간』, 1(2), 165-197.

김범수 외(2007). 『다문화 사회복지론』. 평택대학교 다문화가족센터 편:

양서원.
김승권 외(2010). 『전국다문화가족 실태조사 연구』. 한국보건사회연구원.
김안나(2006). 독일의 빈곤실태와 사회부조정책. 『사회보장연구』, 22(3), 129-155.
김안나(2007). 한국의 사회적 배제 실태에 관한 실증적 연구. 『사회이론』, 32, 227-256.
김안나(2012). 현행 이민자 복지정책에 대한 평가 및 개선과제. 『함께 사는 세상, 이민자 복지와 사회통합의 길』. 국회입법조사처.
김안나 외(2008). 『사회통합을 위한 사회적 배제계층 지원방안 연구』. 한국보건사회연구원.
김안나 외(2012). 『체류외국인 등에 대한 사회복지정책 국제비교 및 향후 추진방향에 관한 연구』. 법무부.
김안나·최승아(2017). 외국인근로자의 삶의 만족도에 대한 영향요인 연구. 『사회복지연구』, 48(2), 331-357.
김영선(2011). 결혼이민자를 위한 관련법의 비판적 고찰. 『동아법학』, 52, 107-141.
김이선 외(2007). 『결혼이민자가족 지원서비스 효율화방안 연구』. 여성가족부.
김종철(2010). 난민의 사회통합을 위한 개선 과제와 방향: 강제 이주민의 성격을 고려한 권리 중심적 접근. 『다문화와 평화』, 4(1), 111-128.
김태수(2010). 외래인에 대한 한국형 사회적 배제 지표의 개발 시론. 『한국사회와 행정연구』, 20(4), 367-393.
김현미(2009). 방문취업 재중동포의 일경험과 생활세계. 『한국문화인류학』, 42(2), 35-75.
김현미(2016). 결혼이민과 이민자 2세. 이혜경 외, 『이민정책론』, 박영사.
김형식(1995). T.H. Marshall의 「시민적 권리론」에 관한 소고. 『한국사회복지학』, 26, 77-109.
김환학 외(2012). 『주요국가의 이민정책 추진체계 및 이민법』. IOM이민정책연구원 이민정책 연구총서 2.

노대명 외(2009). 『사회통합을 위한 과제 및 추진전략』. 한국보건사회연구원.

문경희(2006). 국제결혼 이주여성을 계기로 살펴보는 다문화주의(multiculturalism)와 한국의 다문화 현상. 『21세기 정치학회보』, 16(3), 67-92.

문병기 외(2015). 『이민자 사회통합정책 종합진단 및 개선방안』. 법무부.

문진영(2004). 사회적 배제의 국가간 비교연구—프랑스, 영국, 스웨덴을 중심으로. 『한국사회복지학』, 56(3), 253-277.

문진영 외(2008). 『사회권 지표개발을 위한 기초 연구』. 국가인권위원회.

박기관(2009). 다문화시대 결혼이민자의 실태와 정책과제. 『2009년도 동계학술대회 논문집』, 87-106.

박명희(2020). 일본, 이민국가로 전환할 것인가?: 이민국가 논의와 사회적 기반을 중심으로. 『동북아연구』, 35(1), 115-138.

박승용(2009). 한국 이주노동자의 문제에 대한 정책적 검토. 『한국행정학회 하계학술발표논문집』, 11-19.

법무부(2012). 『중앙행정기관 시행계획』. 법무부 출입국・외국인정책본부.

법무부(2020a). 『2019 출입국・외국인정책 통계연보』. 법무부 출입국・외국인정책본부.

법무부(2020b). 『출입국・외국인정책 통계월보. 2020년 1월호』. 법무부 출입국・외국인정책본부.

보건복지부 및 관계부처합동(2014). 『제1차 사회보장 기본계획(2014~2018)』. 관계부처 합동

빈부격차・차별시정위원회(2006). 『여성결혼이민자 가족의 사회통합 지원대책』. 빈부격차・차별시정위원회.

설동훈(2007). 외국인・이민자 사회통합정책. 『2007-2011년 국가재정운용계획』. 일반행정분야 종합보고서.

설동훈(2013). 국제인구이동과 이민자의 시민권: 독일, 일본, 한국 비교연구. 『한국인구학』, 36(1), 21-50.

설동훈(2016). 이민자의 시민권. 이혜경 외, 『이민정책론』, 박영사.

설동훈 외(2005). 외국인 노동자와 인권: '국가의 주권'과 '국민의 기본권' 및

'인간의 기본권'의 상충요소 검토. 『민주주의와 인권』, 5(2), 39-78.
설동훈·이병하(2013). 다문화주의에서 시민통합으로: 네덜란드의 이민자 통합정책. 『한국정치외교사논총』, 35(1), 207-238.
손윤석(2013). 이주노동자의 고용허가제 개선 방안. 『법학연구』, 49, 1-23.
송민애(2008). 다문화사회에서 이주여성의 몸 경험. 『신학논단』, 54, 237-277.
송소영(2011). 귀화와 영주자격의 연결방안에 관한 연구 영주권 전치주의 도입과 관련하여. 『입법학연구』, 8, 43-61.
신지원(2011), 『이민정책의 이론적 기초와 방향성 연구』. IOM이민정책연구원 워킹페이퍼 NO. 2011-1.
신지원 외(2012). 『한국 난민정책의 방향성과 정책의제연구』. IOM 이민정책연구원.
안치민(2006). 사회권의 성격과 사회권 보장. 『한국사회복지학』, 58(4), 371-392.
여성가족부(2006). 『결혼이민자 가족실태조사 및 중장기 지원정책방안 연구』. 여성가족부.
오경석(2007). 다문화와 민족-국가: 상대화인가, 재동원인가?. 『공간과 사회』, 28, 98-121.
외국인정책위원회(2008). 『제1차 외국인정책 기본계획 2008~2012』. 법무부 출입국·외국인정책본부.
외국인정책위원회(2012). 『제2차 외국인정책 기본계획 2013~2017』. 법무부 출입국·외국인정책본부.
우기택·남하균(2018). 재한 외국인과 영주제도 소고. 『동북아법연구』, 12(1), 319-339.
원숙연(2008). 다문화주의시대 소수자 정책의 차별적 포섭과 배제: 외국인 대상 정책을 중심으로 한 탐색적 접근. 『한국행정학보』, 42(3), 29-49.
윤인진·이진복(2006). 소수자의 사회적 배제와 사회통합의 과제. 『한국사회』, 7(1), 41-92.

이규용(2014). 한국의 이민정책 쟁점과 과제. 『노동리뷰』, 116, 7-31.
이규용(2016). 외국인력정책. 이혜경 외, 『이민정책론』, 박영사.
이규용 외(2014). 『체류 외국인 및 이민자 노동시장 정책과제』. 한국노동연구원.
이병렬・김희자(2011). 한국이주정책의 성격과 전망. 『경제와사회』, 90, 320-362.
이상윤(2014). 한국 이민・다문화 정책 추진체계 현황 및 개선방안: 사회통합 측면의 탐색적 연구. 『사회과학연구』, 25(3), 175-204.
이종복 외(2012). 『다문화사회의 이해와 복지』. 양서원.
이창원・최서리(2018). 『불법체류관리방안으로서의 합법화와 귀환지원』. IOM 이민정책연구원.
이철우 외(2019). 『이민법』. 박영사.
이현주 외(2008). 『2006년 차상위계층 실태분석 및 정책대안』. 한국보건사회연구원.
이혜경(2008). 한국 이민정책의 수렴현상. 『한국사회학』, 42(2), 104-137.
이혜경(2010). 한국 이민정책사. IOM 이민정책연구원 워킹 페이퍼 2010-7.
이혜경(2016). 이민과 이민정책의 개념. 이혜경 외, 『이민정책론』, 박영사.
일본 국립사회보장・인구문제연구소(2007). 『일본의 사회보장』. 일본 국립사회보장・인구문제연구소.
임경택・설동훈(2006). 일본의 결혼이민자 복지정책. 『지역사회학』, 7(2), 5-68.
임동진(2020). 저출산 고령화시대 미국, 캐나다, 호주의 이민정책 비교 연구. 『한국비교정부학보』, 24(2), 69-99.
정기선 외(2010). 『2010 체류외국인 실태조사: 고용허가제와 방문취업제 외국인의 취업 및 사회생활』. 법무부.
정기선 외(2012). 『2012년 체류외국인 실태조사: 영주권자와 귀화자를 중심으로』. 법무부.
정기선 외(2016). 『제3차 외국인정책 기본계획 수립 연구』. 법무부.
정용문(2012). 공공부조. 한국보건사회연구원, 『주요국의 사회보장 제도 -

호주』. 한국보건사회연구원.
차용호(2015). 『한국이민법』. 법문사.
최경수(2011). 『외국 인력 및 이민유입의 경제적 효과』. KDI 정책포럼, KDI.
최명민 외(2015). 『다문화사회복지론』. 학지사.
최무현(2008). 다문화시대의 소수자정책 수단에 관한 연구: 참여정부의 '다문화정책'을 중심으로. 『한국행정학보』, 42(3), 51-77.
최현(2010). 대한민국의 국적 제도의 개선 방안 모색: 영주권 전치주의를 중심으로. 『민주주의와 인권』, 10(2), 221-261.
최현미 외(2010). 『다문화가족복지론』. 양서원.
최홍엽(2008). 외국인 고용의 현황과 쟁점. 『노동법연구』, 25, 185-211.
통계청(2016). 『2016년 외국인고용조사 결과』. 통계청.
통계청(2019). 『2019년 이민자 체류실태 및 고용조사』. 통계청.
한건수(2016). 이민과 사회통합. 이혜경 외, 『이민정책론』, 박영사.
한국보건사회연구원(2012a). 주요국의 사회보장제도: 미국. 한국보건사회연구원.
한국보건사회연구원(2012b). 주요국의 사회보장제도: 독일. 한국보건사회연구원.
한국보건사회연구원(2012c). 주요국의 사회보장제도: 일본. 한국보건사회연구원.
한국보건사회연구원(2012d). 주요국의 사회보장제도: 호주. 한국보건사회연구원.
한국염(2004). 『이주의 여성화와 국제결혼』. 이주여성인권센터.
한태희(2019). 『표로 정리한 이민법제론 강의노트』. 도서출판 하우.
함정현 · 황창주 · 소광섭(2008). 한국의 다문화사회 형성과 지방자치 단체의 역할. 『동방학』, 15, 423-451.

Atkinson, T., Cantillon, B., Marlier, E. & Nolan, B.(2002). *Social Indicators: The EU and Social Inclusion.* Oxford: Oxford University Press.

Barrett, A. & McCarthy, Yvonne(2008). Immigrants and welfare programmes: exploring the interactions between immigrant characteristics, immigrant welfare dependence, and welfare policy. *Oxford Review of Economic Policy, 24(3)*, pp. 542-559.

Ben-Shalom, Y., Moffitt, R. A. & Sholz, J. K.(2011). *An Assessment of the Effectiveness of Anti-Poverty Programs in the United States.* NBER Working Paper No. 17042.

Birrell, B.(2003). Immigration policy and the Australian Labour Market. *Economic Papers, 22(1)*, pp. 36-45.

Broder, T. & Blazer, J.(2011). *Overview of Immigrant Eligibility for Federal Programs. National Immigration Law Center.*

Bundesagentur für Arbeit(2010). *Arbeitsmarkt in Deutschland - Zeitreihen bis 2009: Analytikreport der Statistik.* Bundesagentur für Arbeit.

Bundesamt für Migration und Flüchtlinge(2011). *Das Bundesamt in Zahlen 2011 - Asyl, Migration, ausländische Bevölkerung und Integration.* BAMF.

Bundesministerium für Arbeit und Soziales(2011). *Soziale Sicherung im Überblick (Social Security at a Glance. English Version).* BMAS.

Burchardt, T., Grand, J. & Piachaud, D.(2002). Degrees of exclusion. pp. 30-43 in J. Hills, et al.(eds.). *Understanding social exclusion.* Oxford: Oxford University Press.

Castles, S. & Miller, M.(2009). *The Age of Migration.* Guilford Press.

Chung, E.(2014). Japan and South Korea: Immigration Control and Immigration Incorporation. pp. 399-421 in J. Hollifield, et al.(eds.). *Controlling Immigration: A Global Perspective.* Stanford: Stanford University Press.

Classen, G.(2008). *Sozialleistungen für Migrantinnen und Flüchtlinge.* Loeper Literaturverlag.

Department of Health and Ageing(2011). *Community Packages Care Guidelines.* Department of Health and Ageing.

Department of Health and Ageing(2012). *Fees and Charges for Residential*

Aged Care - An Overview. Department of Health and Ageing.

Department of Human Services(2012). *Health care for visitors to Australia.* Department of Human Services.

Department of Immigration and Citizenship(2011a). Fact Sheet 47 - *Temporary Residence in Australia.* Department of Immigration and Citizenship.

Department of Immigration and Citizenship(2011b). Fact Sheet 60 - Australia's Refugee and Humanitarian Program. Department of Immigration and Citizenship.

Education & Communities(2012). *Temporary Residents Program.* NSW Department of Education and Communities.

Erikson, R. & Goldthorpe, J. H.(1992). *Constant Flux: A Study of Class Mobility in Industrial Societies.* Oxford: Clarendon Press.

European Union(2010). *European Ministerial Conference on Integration.* Zaragoza.

FaHCSIA(2009). Social Security Payments - Residence Criteria, 2011, http://www.fahcsia.gov.au/sa/international/policy/Residence_Criteria/Pages/default.aspx

Freeman, G.(1995). Modes of immigration Politics in Liberal Democratic States. *International Migration Review, 29(4)*, pp. 881-902.

Hollifield, J. F.(1992). *Immigrants, Markets and States: The Political Economy of Postwar Europe.* Cambridge, MA: Harvard University Press.

Kim, A. & Kurz, K.(2003). Prekäre Beschäftigungsverhältnisse im Vereinigten Königreich und Deutschland. pp. 167-197. in W. Müller & S. Scherer (Hg.), *Mehr Risiken? Mehr Ungleichheit? Abbau des Wohlfahrtsstaates, Flexibilisierung des Arbeitsmarktes und die Folgen.* Frankfurt: Campus.

Kim, A.(2016). Welfare policies and budget allocation for migrants in South Korea. *Asian & Pacific Migration Journal, 25(1)*, pp. 85-96.

Kim, A.(2018a). Social Exclusion of Multicultural Families in Korea. *social sciences, 7(63)*, pp. 1-16.

Kim, A.(2018b). Developing Information Services and Social Integration of Marriage Migrant Women in Korea. *Journal of the Korea Institute of Information and Communication Engineering, 22(12)*, pp. 1631-1638.

Kymlicka, W.(1995). *Multicultural citizenship: a liberal theory of minority rights*, Oxford University Press.

OECD. *International Migration Outlook.* OECD, 각 연도.

Room, G.(1995). *Beyond the Threshold: The Measurement and Analysis of Social Exclusion.* Bristol: Policy Press.

Safi, M.(2010). Immigrants' life satisfaction in Europe: between assimilation and discrimination. *European Sociological Review, 26(2)*, pp. 159-176.

Silver, H.(1994). Social exclusion and social solidarity: three paradigms. *International Labour Review, 133,* pp. 531-578.

Spinks, H.(2010). *Australia's Migration Program. Department of Parliamentary Services.*

United Nations(2017). *Handbook on Measuring International Migration through Population Censuses.* UN.

Wasem, R. E.(2014). *Noncitizen Eligibility for Federal Public Assistance: Policy Overview and Trends.* Congressional Research Service.

Ziguras, S.(2010). Australian Social Security Policy: Doing More with Less? pp. 158-175 in A. McClelland & P. Smyth (eds.), *Social Policy in Australia: Understanding for Action:* Oxford University Press.

http://www.moj.go.jp

http://www.mhlw.go.jp

| 찾아보기 |

ㅈ

A

아산재단연구총서

001 전환기의 중국경제
김윤환 외 | 단국대 경제학과

002 폴란드 경제의 변천 개혁과 그 전망
김광수 | 숭실대 경제학과

003 재소한인
이광규 외 | 서울대 인류학과

004 소련산림과 임업
홍성천 외 | 경북대 임학과

005 아세안의 정치경제
김국진 외 | 외교안보연구원

006 태국의 사회변동과 경제발전
최석만 외 | 전남대 사회학과

007 중국의 사회경제 통계분석
신한풍 외 | 고려대 통계학과

008 중국의 정치와 경제
박두복 외 | 외교안보연구원

009 동유럽의 개혁과 시장경제의 도입
허만 외 | 부산대 사범대학

010 동유럽의 개혁운동
박영신 | 연세대 사회학과

011 현대 러시아 연구
기연수 외 | 한국외대 노어과

012 전략적 선택과 기업의 국제경쟁력
이장호 | 서강대 경영대학

013 협동사회의 정착과 정부의 역할
이종범 외 | 고려대 행정학과

014 한국 제조기업 생산성의 동적 분석
노부호 외 | 중앙대 경영대학

015 분배의 정의
변형윤 외 | 서울대 경제학과

016 도덕적 행동의 강화
이훈구 외 | 연세대 심리학과

017 관료부패와 통제
김해동 외 | 서울대 행정대학원

018 한국경제의 내실 있는 성장
정창영 외 | 연세대 경제학과

019 한국국민정신운동의 역사와 발전방향
박수명 외 | 부산대 사범대학

020 한국대학생의 가치성향과 상담효과
이영희 외 | 숙명여대 교육학과

021 가출청소년과 학교관리체제
안창규 외 | 부산대 교육학과

022 동북아 정세변화와 한 · 일관계
한승조 외 | 고려대 정치외교학과

023 언론과 부정부패
정대철 외 | 한양대 신문방송학과

024 한국의 고등학교 교육
이원호 외 | 부산대 교육학과

025 가족과 방송
김학수 외 | 서강대 신문방송학과

026 재정개혁의 전망과 재산세제의 개편과제
오연천 | 서울대 행정대학원

027 청소년을 위한 전자게임 프로그램의 규제 및 평가체계 개발
박혜원 외 | 울산대 가정관리학과

028 정신장애자 가족의 사회심리적 특성
이근후 외 | 이화여대 의과대학

029 가족의 관계역동성과 문제인식
이광규 외 | 서울대 인류학과

030 현대인과 한국전통음식
승정자 | 숙명여대 식품영양학과

031 기업의 초고속정보통신망활용
안중호 | 서울대 경영학과

032 지역발전을 위한 교육자치제의 개선방안
김남순 | 조선대 사범대학

033 전환기의 공무원 가치관
조경호 | 울산대 행정학과

034 지방자치와 사회복지의 과제
김영모 | 중앙대 사회복지학과

035 WTO체제하의 지방중소기업 지원정책
최명주 외 | 계명대 통상학부

036 현대한국의 시민운동
이효선 | 중앙대 사회학과

037 기업 세계화의 단계 및 정도의 측정
허영도 외 | 울산대 경영학과

038 가족복지를 위한 가족주치의 시범사업의 효과
이혜리 외 | 연세대 가정의학교실

039 한국대학생의 삶의 만족도
김재은 외 | 이화여대 교육심리학과

040 지역경제와 지역산업구조의 개편방향
정기화 외 | 전남대 경제학부

041 중국기업의 소유형태별 경영특성
노철화 외 | 부산대 무역학과

042 남북한의 인성 · 사상교육
한승조 외 | 고려대 정치외교학과

043 연계적 뇌기능 조언을 위한 의료용 멀티미디어 시스템의 설계
유선국 | 연세대 의용공학교실

044 다민족국가의 민족문제와 한인사회
최협 외 | 전남대 인류학과

045 저소득층지역 청소년 여가문화와 소집단 활성화
박문수 외 | 서강대 사회학과

046 삶의 질의 국제비교와 지역간 비교분석
이재기 외 | 울산대 경제학과

047 21세기 지역주민의 삶의 질
양종회 외 | 성균관대 사회학과

048 삶의 질에 대한 국가간 비교
조명한 외 | 서울대 심리학과

049 외국인 노동자의 노사관계와 사회적 적응
석현호 외 | 성균관대 사회학과

050 한국의 사법제도와 발전 모델
정종섭 | 건국대 법학과

051 고령화사회와 중상층 노인의 사회활동
조성남 외 | 이화여대 사회학과

052 한국의 서비스 시장 개방정책
한홍렬 | 한양대 경제학부

053 한국과 AFTA간의 교역증진 및 경제협력방안
손일태 외 | 경희대 경제통상학부

054 물류비 절감을 위한 무역업체의 정보화전략
이영수 외 | 경북대 경제통상학부

055 사회주의 체제전환과 사회정책
오정수 외 | 충남대 사회복지학과

056 남북통일 이후 농업생산체계 개편
홍성규 외 | 건국대 농업경제학과

057 국제화와 세계화
하영선 외 | 서울대 외교학과

058 IMF 개혁정책의 평가와 한국경제의 신(新) 패러다임
조동근 | 명지대 경제학과

059 구조개혁과 실업대책
박동운 | 단국대 경제무역학부

060 21세기 신노사관계
심윤종 외 | 성균관대 사회학과

061 학교에서의 집단 따돌림
이춘재 외 | 가톨릭대 심리학과

062 한국노인의 정신건강실태와 건강증진
조맹제 외 | 서울대 의과대학

063 혁명과 개혁 속의 중국 농민
김광억 | 서울대 인류학과

064 중국의 경제환경과 한국기업의 진출 전략
지용희 외 | 서강대 경영학과

065 김대중 대통령의 시스템 사고
김동환 | 중앙대 공공정책학부

066 실업과 가족해체
최일섭 외 | 서울대 사회복지학과

067 합리적 부채비율 조정방안
오상근 | 동아대 경제학과

068 한국 중산층의 생활문화
문숙재 외 | 이화여대 소비자 · 인간발달학과

069 계층간 갈등상태에서 최적소득세
김진욱 | 건국대 경상학부

070 글로벌 경쟁력 제고를 위한 기업전략과 조직구축
이만우 외 | 고려대 경영학과

071 의료보험과 국민연금의 관리효율화를 위한 통합방안
사공진 외 | 한양대 경제학부

072 정부개혁의 과제와 전략
박우서 외 | 연세대 행정학과

073 책임운영기관 제도에 관한 비교분석
김근세 | 가톨릭대 행정학과

074 새로운 패러다임하에서의 한국기업의 바람직한 지배구조
최운열 외 | 서강대 경영학과

075 현대 한국사회의 계층구조
양춘 외 | 고려대 사회학과

076 한국의 산업정책과 산업구조조정
강인수 | 숙명여대 경제학부

077 기업구조조정
김석진 | 경북대 경영학부

078 지식경영을 위한 인적자원 개발 및 관리체계
장영철 | 경희대 경영학부

079 뉴 비즈니스 모델
전성현 | 국민대 정보관리학부

080 중산층의 정체성과 소비문화
함인희 외 | 이화여대 사회학과

081 외국관광객 유치를 위한 마케팅 전략
박상규 | 강원대 경영학과

082 한국인의 세대별 문학의식
이동순 | 영남대 국문과

083 공공부문의 효율성 평가와 측정
김재홍 외 | 울산대 사회과학부

084 한국 청소년의 정치의식과 형성요인
김광웅 외 | 숙명여대 아동복지학과

085 한국 대학생의 정치의식
배한동 | 경북대 윤리교육과

086 산업의 정보화와 산업발전
이기동 | 계명대 통상학부

087 한국 제조업의 고용조정 분석
이종원 외 | 성균관대 경제학부

088 지식자산에 대한 경영전략적 평가모형 개발
배재학 외 | 울산대 컴퓨터 · 정보통신공학부

089 관광사업을 위한 한국적 이미지의 휴식복 개발
채금석 | 숙명여대 의류학과

090 한국 정치제도의 개혁
신정현 | 경희대 사회과학부

091 e비즈니스와 아웃소싱 전략
정승화 외 | 연세대 경영학과

092 집단 따돌림의 진단 및 치료방안
홍준표 | 중앙대 인간생활환경학과

093 16대 총선과 낙선운동
조기숙 | 이화여대 국제대학원

094 부동층 유권자 행태 분석
진영재 | 연세대 정치외교학과

095 사이버 공동체의 성공요인
이재관 | 숭실대 경영학부

096 온라인 소비자 행동의 이론과 실증
윤성준 | 경기대 경영학부

097 글로벌 시대 정약용 세계관의 가능성과 한계
차성환 | 한일장신대 역사사회학과

098 러시아의 체제전환 과정에서 나타난 국가의 역할과 그 전망
이상민 외 | 부산대 정치외교학과

099 남북한의 경제발전 수준과 산업구조 비교, 그리고 경제교류 협력방향
주성환 | 건국대 경제학과

100 집단따돌림과 교육해체
한준상 | 연세대 교육학과

101 공적연금제도의 효율성과 개선방안
유금록 | 군산대 행정복지학부

102 벤처기업-대기업의 성공적인 협력 모델
나중덕 | 경산대 경영학과

103 북한의 재외동포정책
조정남 외 | 고려대 정치외교학과

104 사이버 공동체 형성의 역동적 모형
장용호 | 서강대 신문방송학과

105 기업이론과 기업의 소유지배구조
김일태 외 | 전남대 경제학부

106 가축분뇨 자원화를 위한 공동이용 조직에 대한 농가선호도 분석
유덕기 | 동국대 생명자원경제학과

107 개혁정책과 전문가 집단
이성원 외 | 제주대 행정학과

108 현대 한국사회의 이중가치체계
신수진 외 | 이화여대 가정관리학과

109 한국의 산업구조 변화와 기업집단 다각화 전략
김용학 외 | 연세대 사회학과

110 지식정보사회의 경제적 모형 설정 및 사례 연구
김범환 | 배제대 경영정보학부

111 변호사징계제도
오종근 | 한림대 법학부

112 인터넷 특허법
김순석 | 광주대 법학과

113 e-비즈니스 시대의 금융 및 재정정책의 새로운 패러다임
이종욱 | 서울여대 경제학과

114 청소년의 하위문화와 정체성
조성남 | 이화여대 사회학과

115 디지털금융시대의 금융구조변화와 정부규제 및 정책
이충열 | 고려대 경제학부

116 지식경영을 위한 기업의 조직설계방안
김경수 외 | 전남대 경영학과

117 전자금융의 발달과 경제정책의 새로운 패러다임
이명훈 | 명지대 경제학과

118 동아시아의 안보와 유엔체제
강성학 편저 | 고려대 정치외교학과

119 유료 치매노인 그룹홈의 개발과 관련 정책
최정신 외 | 가톨릭대 소비자 · 주거학과

120 소비자 지향적 문화산업 정책
홍영준 | 호남대 광고홍보학과

121 국제 · 국가 · 지방 환경규제의 연계
정준금 외 | 울산대 행정학과

122 현행 회사 합병 · 분할제도의 평가와 개선방안
옥무석 외 | 이화여대 법학과

123 배려지향적 도덕성과 정의지향적 도덕성
정옥분 외 | 고려대 사범대학

124 기업구조조정에 대한 채권금융기관 및 금융감독기관의 역할과 책임
이중기 | 한림대 법학과

125 실업대책으로서 한국의 법정기준근로 시간 단축
박영범 | 한성대 경제학과

126 프랑스어의 비분리성 소유개념 표현
노윤채 | 연세대 언어정보연구원

127 지방채의 효율적 관리방안
강태구 | 호원대 법행정학부

128 21세기 산업구조 변화와 과학기술정책
임채성 외 | 그리스도신학대 경영정보학부

129 인터넷 쇼핑몰 이용자의 불평행동
예종석 | 한양대 경영학부

130 한국기업의 성과급제도 현황, 효과 및 개선방안
김성수 | 서울대 경영학과

131 전자상거래와 소비자보호
서민교 외 | 경일대 인터넷국제통상학과

132 평생학습 사회에서의 인적자원개발을 위한 사회적 파트너십 구축
김영화 | 홍익대 교육학과

133 한국 공교육의 새로운 구상과 전략
권대봉 외 | 고려대 교육학과

134 한국의 정부개혁
김태룡 | 상지대 행정학과

135 지방정부 생산성 측정의 이론과 실제
이은국 외 | 연세대 행정학과

136 불가 사문학론
배규범 | 경희대 학술연구 교수

137 남북경제교류의 법적 문제
제성호 | 중앙대 법학과

138 경제위기와 청소년 발달
구인회 | 서울대 사회복지학과

139 생명과학기술의 응용과 기본권보호적 한계
정상기 외 | 한남대 법학과

140 경제발전과 정치환경의 한 · 일 비교분석
정갑영 외 | 연세대 동서문제연구원

141 한국 공교육의 진단
윤정일 외 | 서울대 교육학과

142 우리나라 지방자치 발전을 위한 자치단체장의 역할
정성호 외 | 경기대 사회과학부

143 의료보험제도의 개혁방안
권순원 | 덕성여대 경제학과

144 중등 도덕교육의 현실과 문제
손동현 외 | 성균관대 철학과

145 사이버공동체 발전론
이명식 | 상명대 경영학과

146 남북경협 확대에 대비한 북한 담보제도의 정비방안
박훤일 | 경희대 법과대학

147 한국 공무원 인사제도 개혁
김판석 | 연세대 행정학과

148 교사화법 교육
임칠성 외 | 전남대 국어교육과

149 세계화의 문화정치학
임혁백 외 | 고려대 정치외교학과

150 효과적인 e-SCM을 위한 의사결정조정시스템 모형
이원준 | 성균관대 경영학부

151 환경거버넌스
김종순 외 | 건국대 행정학과

152 자동차산업의 인적자원관리
이덕로 | 서원대 경영학부

153 한국과 영국 간 지식기반산업 비교
이명호 | 한국외대 경영학과

154 한국 벤처기업의 기술네트워킹 및 기술마케팅 전략
장영일 | 인제대 경영학부

155 회사변호사의 윤리
오승종 | 성균관대 법과대학

156 미디어교육론
이정춘 | 중앙대 신문방송학과

157 조선시대 서원과 양반
윤희면 | 전남대 역사교육과

158 환경문제와 철학
박찬국 | 서울대 철학과

159 노인보건복지 이론과 실제
김명 외 | 이화여대 보건교육학과

160 북한의 법체계
권재열 외 | 숭실대 법학과

161 생명공학기술의 안전성 확보에 관한 법적 고찰
이재협 | 경희대 법학부

162 청소년복지학
김성이 외 | 이화여대 사회복지학과

163 변화하는 세계, 변화하는 복지국가
조영훈 | 동의대 사회복지학과

164 의리의 윤리와 한국의 유교문화
김낙진 | 진주교대 도덕교육과

165 미국의 통상정책과 통상법
윤충원 | 전북대 무역학과

166 사회복지 프로그램 평가
김학주 | 경상대 사회복지학과

167 환경주의와 지속가능한 발전
정대연 | 제주대 사회학과

168 무역과 환경
김기홍 외 | 경기대 경제학부

169 산업계 유해폐기물의 위험과 관리
김금수 | 호서대 경상학부

170 백범 김구의 지적 계발과정 탐색
문용린 | 서울대 교육학과

171 태평양전쟁 발발 이후 일제의 인적 지배와 그리스도교계의 대응
윤선자 | 전남대 사학과

172 거버넌스 상황에서 갈등관리를 위한 대체적 분쟁해결제도
서순복 | 광주대 법정학부

173 시장경제의 유형과 민주주의
최배근 | 건국대 경상학부

174 일본고전소설 총론
김현정 | 국립한국전통문화학교

175 국어 교육을 위한 국어 문법론
이관규 | 홍익대 국어교육과

176 율곡의 군주론
전세영 | 부산교대 윤리교육과

177 동북아시아 환경협력
정서용 | 명지대 법학과

178 기후변화협약과 기후정책
신의순 외 | 연세대 경제학과

179 인터넷과 국제 학술정보 네트워크-하이퍼링크 분석
박한우 | 영남대 언론정보학과

180 국내 기업복지의 활성화 방안
최수찬 | 연세대 사회복지대학원

181 세계화와 인간안보
김우상 외 | 연세대 정치외교학과

182 세계문화유산 종묘 이야기
지두환 | 국민대 국사학과

183 한국 평생교육의 사회철학적 과제
곽삼근 | 이화여대 교육학과

184 강점모델
정순둘 | 이화여대 사회복지학과

185 글로벌시대의 계약법
박영복 | 한국외대 법과대학

186 배심제와 시민의 사법참여
안경환 | 서울대 법학과

187 동북아공동체
김재한 | 한림대 정치외교학과

188 정치 참여와 탈물질주의
김욱 | 배재대 정치외교학과

189 퍼지전문가회로망을 이용한 금융기관의 사이버 기업여신결정 지원시스템의 개발
권혁대 | 목원대 경영학과

190 환경정책과 환경법
송인성 | 전남대 지역개발학과

191 포스트모던 시대의 평생교육학
한숭희 | 서울대 교육학과

192 현대 한국인의 세대경험과 문화
박길성 외 | 고려대 사회학과

193 서구의 근로연계복지
김종일 | 건국대 사회복지학과

194 사회복지운동론
현외성 | 경남대 사회복지학과

195 외국의 역모기지 사례
유선종 | 건국대 부동산학과

196 옛이야기와 어린이문학
이지호 | 진주교대 국어교육학과

197 노인사회복지관광의 정책과제와 방안
김창수 | 경기대 관광학부

198 복지서비스의 민간위탁 시스템 분석
김순양 | 영남대 행정학부

199 새로운 빈곤층의 대두와 정부의 정책과제
김진욱 | 건국대 경제학과

200 문화행정론
김정수 | 한양대 행정학과

201 스칸디나비아 노인용 코하우징의 계획과 적용
최정신 외 | 가톨릭대 생활과학부

202 북한의 자연생태계
공우석 | 경희대 지리학과

203 통계로 이해하는 러시아
전홍찬 | 부산대 정치외교학과

204 사회복지법인의 경영과 회계
이동규 | 충남대 회계학과

205 의약분업 정책과정
차흥봉 | 한림대 사회복지학과

206 지역공동체와 평생교육
오혁진 | 동의대 평생교육학부

207 아동보호서비스의 실제
한미현 | 백석대 사회복지학부

208 그린마케팅
박재기 | 충남대 경영학부

209 아동권리와 아동복지
이혜원 | 성공회대 사회복지학과

210 국제 이주와 인도인 디아스포라
김경학 | 전남대 인류학과

211 질병과 의료의 사회학
조병희 | 서울대 보건대학원

212 북한이탈주민의 사회통합을 위한 지역복지실천의 모색
이기영 | 부산대 사회복지학과

213 치매노인케어론
조유향 | 초당대 간호학과

214 노인상담입문
서혜경 외 | 한림대 대학원 사회복지학과

215 '통일 이후 통일과정'으로서의 독일 통일영화
이준서 | 이화여대 독어독문학과

216 중국의 사회보장
오정수 | 충남대 사회복지학과

217 환경자원의 경제적 가치와 환경오염의 사회적 비용
김재홍 | 울산대 사회과학부

218 사회복지프로그램의 경제적 평가방법
박창제 외 | 상주대 사회복지학과

219 자유의지와 결정론
안건훈 | 강원대 철학과

220 심리학자들이 쓴 행복한 결혼의 심리학
채규만 외 | 성신여대 심리학과

221 현대 해석학 강의
양해림 | 충남대 철학과

222 한국인의 주거 빈곤과 공공주택
하성규 | 중앙대 도시및지역계획학과

223 IMF 경제위기와 한국 출산력의 변화
김두섭 | 한양대 사회학과

224 동아시아의 영토분쟁과 국제법
이석우 | 인하대 법학부

225 독일 복지국가와 사회복지서비스
정재훈 | 서울여대 사회사업학과

226 사회복지사를 위한 실용 비모수통계
엄명용 | 성균관대 사회복지학과

227 피해자학 연구
이윤호 | 동국대 경찰행정학과

228 광고언어창작론
박영준 외 | 부경대 국어국문학과

229 환경규제 패러다임의 전환
한철 | 한남대 법학과

230 고령사회의 노동환경변화와 고용 시스템의 문제점 및 법적 대응
고준기 | 국립군산대 법학과

231 세계화와 소득불평등
이성균 외 | 울산대 사회과학부

232 유비쿼터스 사회의 이해
안중호 외 | 서울대 경영학과

233 국제환경책임법론
박병도 | 건국대 법학과

234 한국의 선거와 민주주의
윤종빈 | 명지대 정치외교학과

235 한국 시민운동의 구조와 동학
조대엽 외 | 고려대 사회학과

236 또래관계
송영혜 | 대구대 재활심리학과

237 해외 한국기업과 현지인 노동자
석현호 외 | 에스콰이아학술문화재단

238 독일 국가복지에서 민간복지단체의 역할과 의미
차성환 외 | 한일장신대 사회복지학부

239 청정공학
조정호 | 동양대 생명화학공학과

240 한국전통연희론
심상교 | 부산교육대 국어교육학과

241 정신장애와 가족
서미경 | 경상대 사회복지학부

242 빈곤통계의 작성과 활용
김주환 | 동국대 정보통계학과

243 인터넷과 한국정치
강원택 | 숭실대 정치외교학과

244 북한의 시장경제이행
정영화 외 | 서경대 법학과

245 시스템사고로 본 지속가능한 도시
문태훈 | 중앙대 도시및지역계획학과

246 실버산업과 유비쿼터스 컴퓨팅
고일상 | 전남대 경영학부

247 재활상담과 사례관리
나운환 | 대구대 직업재활학과

248 영유아교육기관에서의 장애 이해 교육
유수옥 | 우석대 유아특수교육과

249 장애의 사회적 의미와 사회통합
박수경 | 대진대 사회복지학과

250 경제분석의 수리적 기초
조인성 | 공주대 경제통상학부

251 비영리부문의 비교연구
김승현 | 서울산업대 행정학과

252 고등교육경제학
반상진 | 전북대 교육학과

253 과학윤리교육의 이론과 방법
조희형 | 강원대 과학교육학부

254 결혼이민자가족의 이해
김오남 | 대불대 사회복지학과

255 동아시아 국가의 공공부조
신동면 | 경희대 사회과학부

256 특수아동 진단 및 평가
이나미 | 대불대 특수교육과

257 계약형 사회복지와 권리옹호시스템
이명현 | 경북대 상주캠퍼스 사회복지학과

258 실내공기질 및 위해성 관리
양원호 | 대구가톨릭대 산업보건학과

259 충남 방언 문법
한영목 | 충남대 국어국문학과

260 교육권론
노기호 | 군산대 법학과

261 도시경관계획론
임승빈 | 서울대 조경 · 지역시스템공학부

262 교통의 새로운 패러다임
김형철 | 경원대 도시계획 · 조경학부

263 노인의 삶의 질 향상을 위한 주거환경 디자인
천진희 | 상명대 디자인대학 실내디자인전공

264 사회복지와 문화
박병현 | 부산대 사회복지학과

265 장애인복지의 이론과 실제
이선우 | 인제대 사회복지학과

266 창의성 개발을 위한 디자인교육 콘텐츠
김선영 | 인천가톨릭대 조형예술대학 환경디자인학과

267 구성주의 사회복지 실천 기술론
고미영 | 서울신학대 사회복지학과

268 장애아교육학
김기흥 | 부산교육대 유아교육과

269 지역사회복지와 자원부문
한상진 외 | 울산대 사회학과

270 환경관리회계
육근효 | 부산외국어대 회계학부

271 인권 관점에서 보는 장애인복지
유동철 | 동의대 사회복지학과

272 정신증상
송지영 | 경희대 의과대학병원 신경정신과

273 사이버공간의 사회심리학
이성식 외 | 숭실대 정보사회학과

274 노인에 대한 사회적 돌봄과 돌봄서비스의 질 보장
최희경 | 신라대 가족노인복지학과

275 아동 심리치료의 실제
신현균 | 전남대 심리학과

276 사회복지와 위험관리
노충래 | 이화여대 사회복지전문대학원

277 국제 탄소시장의 이해
양승룡 | 고려대 식품자원경제학과

278 타자의 초상
신문수 | 서울대 영어교육과

279 한국정치와 환경정치
나정원 | 강원대 정치외교학과

280 북한이주민
윤인진 | 고려대 사회학과

281 음주의 사회경제적 비용
정우진 외 | 연세대 보건대학원

282 지방정치와 동북아 도시거버넌스
박재욱 | 신라대 행정학과

283 노숙인 복지론
남기철 | 동덕여대 사회복지학과

284 유럽통합과정과 지역협력
이규영 | 서강대 국제대학원

285 사회복지재정 연구
지은구 | 계명대 사회과학대학 사회복지학과

286 지역사회 교육개혁을 위한 시민사회 조직의 참여
김영화 | 홍익대 교육학과

287 복지사회를 대비한 국민연금의 구조개혁
박영석 외 | 서강대 경영학부

288 한미 FTA 지재권 협상에 따른 의약품 분야 사회후생 변화
오근엽 | 충남대 무역학과

289 산업입지, 환경 그리고 지역경제
이기동 외 | 계명대 국제통상학과

290 감성지능 개발을 통한 삶의 질 향상
김경수 외 | 전남대 경영학부

291 교육복지론
이용교 외 | 광주대 사회복지학부

292 인간과 행복에 대한 철학적 성찰
박찬국 | 서울대 철학과

293 유럽연합의 사회통합 사례와 교훈
이무성 | 명지대 정치외교학과

294 민영화와 사회후생
이상호 | 전남대 경제학부

295 북한의 교육학 체계 연구
최영표 외 | 동신대 교육대학원

296 한국 지속가능발전의 구조와 변동
정대연 | 제주대 사회학과

297 우리나라의 공익 연계 마케팅에 관한 연구
임승희 | 전주대 경영학부

298 시각장애인복지론
김영일 | 조선대 특수교육과

299 그린에너지와 환경촉매
정석진 | 경희대 화학공학과

300 취약학교 초등학생을 위한 온라인 보건교육 프로그램
박경옥 | 이화여대 보건관리학과

301 신탁제도를 통한 고령자의 보호와 지원
최수정 | 서강대 법학전문대학원

302 사회적 약자계층에 대한 실태분석 및 정책방안
이은우 외 | 울산대 경제학과

303 한류 문화와 동북아 공동체
최혜실 | 경희대 국어국문학과

304 노동유연화와 해고보호법
권혁 | 부산대 법학전문대학원

305 사회복지 위험관리의 이해
박미은 | 한남대 사회복지학과

306 의료기관의 회계와 세무
노준화 | 충남대 경영학부

307 여성인적자원의 전문성 확보를 위한 경력개발
백지연 | 이화여대 국제사무학과

308 정신병리
강선경 | 서강대 신학대학원

309 바다의 반란 적조
윤양호 | 전남대 해양기술학부

310 한국 장애인 복지 발달사
이성규 | 서울시립대 사회복지학과

311 서양예술 속의 동양 탐색
진상범 | 전북대 독어독문학과

312 한국인의 도덕성 발달 진단
문용린 | 서울대 교육학과

010 영국정치와 국가복지
고세훈 | 고려대 공공행정학부

314 인간학적 사유를 여는 중도 · 중복장애 교육학
이숙정 | 단국대 특수교육과

315 개별화 교육과정
이소현 | 이화여대 특수교육과

316 인간의 긍정적 성품
권석만 | 서울대 심리학과

317 지방자치와 지역여성의 전망
이혜숙 | 경상대 사회학과

318 한국 현대 노년소설 연구
전흥남 | 한려대 교양학부

319 정보격차 해소를 위한 창의적 정보교육 프로그램
이영준 외 | 한국교원대 컴퓨터교육과

320 한국 가족과 젠더
손승영 | 동덕여대 교양학부

321 한국의 복지혼합
김진욱 | 서강대 신학대학원

322 사회자본과 자원봉사
김태룡 외 | 상지대 행정학과

323 농촌교육복지연구
박삼철 | 단국대 교양학부

324 사회정체성 평가 차원에 대한 국제비교조사
이명진 | 고려대 사회학과

325 캐나다 복지국가 연구
조영훈 | 동의대 사회복지학과

326 한국의 소수자운동과 인권정책
전영평 외 | 서울대 행정대학원

327 한국과 미국의 보육서비스 전달체계와 품질 비교분석
김근세 외 | 성균관대 국정관리대학원

328 한국사회의 소득불평등과 국민 의료 이용
이용재 | 호서대 사회복지학과

329 정보시대의 인간안보
조화순 | 연세대 정치외교학과

330 가족의 사회경제적 특성과 아동발달
김광혁 | 전주대 사회복지학과

331 초·중·고등학생의 학업소진 진행과정 및 경로분석
이상민 | 고려대 교육학과

332 다문화사회의 사법통역
이지은 | 이화여대 통역번역대학원

333 동아시아 지역주의
유현석 | 경희대 정치외교학과

334 환경친화적 공공시설관리와 지역공동체의 삶의 질
이소영 | 중앙대 실내디자인·주거환경학과

335 의료보험의 법정책
김나경 | 성신여대 법과대학

336 양극화 시대 가족해체와 청소년의 적응에 관한 한국과 미국의 비교 연구
오승환 외 | 울산대 사회복지학과

337 기업의 사회적 책임과 지역경제사회 발전 연구
허영도 외 | 울산대 경영학부

338 노인의 삶의 질 향상을 위한 온라인 소셜 네트워크 구축 방안
김진우 | 연세대 경영학과

339 청소년 생활역량
윤명희 외 | 동의대 평생교육학과

340 외국인 배우자의 다양성과 국제결혼의 안정성
김두섭 | 한양대 사회학과

341 정보인권의 규범구체화
이민영 | 가톨릭대 법학과

342 한국 사회복지실천의 고유성
최성재 외 | 서울대 사회복지학과

343 스웨덴의 환경책임 실천모형
최희경 | 경북대 행정학부

344 자율운동과 주거공동체
윤수종 | 전남대 사회학과

345 한국인의 공공봉사동기
김상묵 | 서울과학기술대 행정학과

346 한국 이혼가정 아동의 성장
김혜숙 | 경인교육대 교육학과

347 동양 사상과 노인 복지
홍승표 외 | 계명대 사회학과

348 노동과 사회보장의 연계
오문완 | 울산대 법학과

349 학습장애 위험군 아동의 조기선별을 위한 읽기검사 표준화 연구
김애화 외 | 단국대 특수교육학과

350 신·재생에너지에 기초한 녹색성장과 사회통합
김인호 | 이화여대 법학전문대학원

351 문화교류역량과 다문화 경영이 기업 경영성과에 미치는 영향
임병학 외 | 부산외대 경영학부

352 빈곤영유아의 발달과 적응
정익중 외 | 이화여대 사회복지학과

353 민사법질서와 인권
양천수 | 영남대 법학전문대학원

354 성년후견제도와 사회복지제도의 연계
신권철 | 서울시립대 법학전문대학원

355 한국 다문화사회의 이방인
김순양 | 영남대 행정학과

356 현대 시민사회와 소비자계약법
이병준 | 한국외대 법학전문대학원

357 개인의 사회적 정보보호를 위한 공공 정보서비스 개선 연구
장항배 | 상명대 경영학과

358 여성교육투자에 대한 교육경제학적 탐색
백일우 외 | 연세대 교육학부

359 사회적 기업과 지속가능한 지역발전
임업 외 | 연세대 도시공학과

360 다문화가정 구성원에 대한 투트랙 한국어 교육방안 연구
박시균 | 군산대 국어국문학과

361 아시아의 빈곤과 한국기업의 역할
한인수 | 충남대 경영학부

362 유치원 · 초등학교 연계 환경교육
박희숙 | 공주대 유아교육학과

363 비정규 고용과 사회정책
구인회 외 | 서울대 사회복지학과

364 사생활의 자유에 관한 비교법적 연구
이창현 | 서강대 법학전문대학원

365 다중융합 환경 기반의 미디어스킨을 활용한 문화콘텐츠 디자인 적용방안에 관한 연구
오문석 외 | 광운대 미디어영상학부

366 북한이탈주민 여성의 성인식 관련 기초 조사
한인영 외 | 이화여대 사회복지학과

367 노인주택 파노라마
유선종 | 건국대 부동산학과

368 시설보호 청년의 적응
정선욱 | 덕성여대 사회복지학과

369 다수 집단과 소수 집단의 심리
김혜숙 | 아주대 심리학과

370 바이오 휴머니티
권택영 | 경희대 영어학부

371 프랑스 다문화교육의 이해
이경수 | 상명대 불어교육과

372 한 · 중 서비스산업의 비교분석과 교역 확대 방안
김상호 | 리츠메이칸 아시아태평양대 국제경영학부

373 현대의학에 있어서 생명의 시간과 인간의 존엄
김학태 | 한국외대 법학전문대학원

374 0~3세 영유아의 영상물 과몰입 실태 조사 및 정신건강증진 프로그램 개발과 적용
이경숙 | 한신대 재활학과

375 복지국가의 조세와 정치
양재진 외 | 연세대 행정학과

376 청소년기 자살행위 실태와 관련 요인
박선희 | 경희대 간호과학대학

377 기술혁신에 따른 지역 간 정보격차
최정혜 외 | 연세대 경영대학

378 한국 사회의 이중구조와 생애주기적 불평등
안상훈 편 | 서울대 사회복지학과

379 소비자의 친환경행동에 영향을 미치는 사회적 · 경제적 가치에 대한 고찰
송재기 | 텍사스테크대 경영학과

380 어머니 양육행동 관련 변인들과 유아 사회정서행동 간의 구조모형 분석
심숙영 | 숙명여대 원격대학원

381 조선족 여성, 동남아시아 여성 그리고 새터민의 적응 유형 분석 및 삶의 질 향상 방안 모색
정태연 | 중앙대 심리학과

382 세계의 연금, 한국의 연금
허만형 | 중앙대 공공인재학부

383 노인요양원과 문화 변화
최재성 | 연세대 사회복지학과

384 시민사회와 국제개발협력
손혁상 | 경희대 공공대학원

385 복지국가의 변화와 빈곤정책
김윤태 | 고려대 사회학과

386 다문화가정의 미디어 이용과 사회적 자본의 관계
진창현 | 경기대 경영학과

387 사회진출 대졸 초년생의 탄력성 변화 양상
이상민 | 고려대 교육학과

388 사회자본과 경제발전 그리고 정부의 질
도수관 | 대구가톨릭대 행정학과

389 망명과 귀환이주
서장원 | 고려대 독일문화학과

390 근거기반실천과 사회복지
김유진 | 경북대 사회복지학부

391 인터넷상 정보 유통에 대한 새로운 저작권 규율 방향 모색
박준석 | 서울대 법학전문대학원

392 한국 사회의 인종차별적 담화구조
이창수 | 한국외대 통역번역대학원

393 사회복지사의 사회복지 가치 지향
김용석 | 가톨릭대 사회복지학과

394 개인정보의 국제적 유통에 따른 법적 문제와 대책
박훤일 | 경희대 법학전문대학원

395 정신장애인의 인권
서미경 | 경상대 사회복지학과

396 취약계층 비만청소년들의 체중관리를 위한 건강증진 프로그램의 효과
김영호 | 서울과학기술대 스포츠과학과

397 한국 전통의 돈의 문학사, 나눔의 문화사
서신혜 | 한양대 창의 · 융합교육원

441 복지공급론: 보건복지의 수단과 체계
강창현 | 단국대 공공관리학과

442 생각 중심 교육
박주용 | 서울대 심리학과

443 청소년 독자의 정체성과 문식 활동
이순영 | 고려대 국어교육과

444 인간의 심리를 조작하는 사회공학기술
김석수 | 한남대 멀티미디어학부

445 한국사회 이타적 행동에 대한 이해
강철희 외 | 연세대 사회복지대학원

446 이주민의 사회적 배제: 세대 간 전이와 민족 계급화를 중심으로
최혜지 | 서울여대 사회복지학과

447 사회복지, 업의 변화와 마케팅
이원준 | 청주대 경영학과

448 충남 민속의 이해
이필영 | 한남대 역사교육과

449 한국 청소년들의 공동체지향목표
신종호 외 | 서울대 교육학과

450 저출산 · 고령화와 한국의 연금개혁: 세대 간 공정과 지속가능성
석재은 외 | 한림대 사회복지학과

451 지방 인구구조의 변화와 지역 사회복지 전달체계
기정훈 | 명지대 행정학과

452 고령 친화적 도시재생뉴딜: 일본의 고령 친화 주거지재생 정책 사례 연구
김현주 | 서울연구원 초빙 부연구위원

453 저출산의 심리적 요인: 저출산 원인의 심리학적 요인 분석을 중심으로
진경선 | 성신여대 심리학과

454 남자가 출산휴가를 간다면?: 아빠노동자 형성을 위한 남성 육아휴직 사례 연구
최새은 외 | 한국교원대 가정교육학과

455 한국 다문화 사회의 교육과 복지 실천
김영순 외 | 인하대 사회교육과

456 뉴미디어와 이주민: 소셜미디어시대 서울 지역 중국동포들의 미디어 이용과 적응
김용찬 | 연세대 언론홍보영상학부

457 제1기 헌법재판소: 헌법재판의 황무지에 단단한 초석을 놓다
임지봉 | 서강대 법학전문대학원

458 저소득층 초등학생을 위한 식생활교육 프로그램 개발: 심리 · 사회적, 영양학적 요인을 중심으로
김경원 외 | 서울여대 자연과학대학 식품영양학전공

459 지역공동체 참여의 이론과 현실: 지속가능하고 포용적인 공동체를 위한 대안의 모색
한상일 | 연세대 글로벌행정학과

460 한국가정과 다문화가정 내 배우자 폭력의 유형 및 특성 비교 연구
그레이스 정 | 서울대 아동가족학과

461 한국 유교 圖像의 역사
유권종 | 중앙대 철학과

462 기업과 노동의 사회 책임: CSR에서 ISO26000을 넘어 기업 인권으로
이승협 | 대구대 사회학과

463 청소년을 위한 긍정적 정신건강의 평가와 개입
고영건 | 고려대 학생상담센터

464 이주 시대의 젠더: '다문화' 한국사회와 필리핀 출신 여성들
김민정 | 강원대 문화인류학과

465 상식의 긴 팔: 과학하는 인간의 베이즈주의
여영서 | 동덕여대 교양대학

466 사회복지실천기록: 사회복지사의 기록실무를 위한 지침
백은령 외 | 총신대 사회복지학과

467 대한민국에서 난민으로 살아가기: 의미 탐색과 정책 과제
박순용 외 | 연세대 교육학부

468 다문화사회와 이주민 건강: 헬스커뮤니케이션 차원의 분석과 대안 모색
정의철 | 상지대 미디어영상광고학과

469 전통생태지식과 세대소통: 지속가능발전을 위한 사회생태기억 탐구
김고운 외 | 고려대 오정리질리언스연구원

470 디지털 시대의 사회복지 패러다임: 네트워크적 접근
김수영 | 서울대 사회복지학과

471 디지털 헬스 케어의 법적 쟁점과 과제
이호용 | 한양대 정책학과

472 한국사회의 공공갈등 사례를 통해 본 조정, 참여형 갈등관리, 예방적 접근의 활용과 해외 시스템 연구
김대중 외 | 동아대 국제전문대학원

473 호수환경생태학
김범철 | 강원대 환경학과

474 한국 이민자 복지정책 연구
김안나 | 대구가톨릭대 사회복지학과

아산재단연구보고서

001 한국인의 도덕성 연구
배해수 | 고려대 국문학과

002 산업화와 청소년 진로
이원호 | 울산대 교육학과

003 공동체의식과 시민운동
김영섭 | 한양대 행정학과

004 한국청년의 삶의 의미 충족도와 만족적 태도
안정수 | 경희대 철학과

005 중국조선족의 사회발전과 한 · 중관계의 위상
손장권 | 고려대 사회학과

006 해송림 "솔껍질깍지벌레"의 천적 및 주요 종의 생태
김규진 | 전남대 농생물학과

007 사회정의와 실천윤리
박종대 | 서강대 철학과

008 동구개혁의 영향
김달중 | 연세대 정치외교학과

009 한국청소년의 의식세계
김문조 | 고려대 사회학과

010 고강도 철근 콘크리트 구조의 실용화
정헌수 | 중앙대 건축학과

011 신기술의 연관형태 및 출현예측의 구조모형
권철신 | 성균관대 산업공학과

012 민간기업의 연구개발을 위한 조세정책
권영훈 | 한양대 경제학부

013 기술개발 활성화방안
송승구 | 울산대 화학공학부

014 부패의 현상과 진단
이문조 | 영남대 정치외교학부

015 연구투자의 지역적 편중화와 부산지역의 기초과학연구 활성화방안
윤웅찬 | 부산대 화학과

016 GATT의 신구 덤핑방지협정과 그 대응 방안
전창원 | 동국대 무역학과

017 한국사회의 도덕성 제고를 위한 진단과 처방
황경식 | 서울대 철학과

018 새로운 노사관계 방향
이진규 외 | 고려대 경영학과

019 21세기 동북아 정세예측과 한국의 전략적 대응방안
최평길 외 | 연세대 행정학과

020 소련의 한국에 대한 정책목표분석
신승권 | 한양대 정치외교학과

021 메모리 커패시터용 $Pb(Zr_xTi_{1-x})O_3$ 강유전체 박막의 제작과 특성
장지근 외 | 단국대 전자공학과

022 러시아 국제법학의 전통
김용구 | 서울대 외교학과

023 유럽연합의 현황과 전망
김동현 외 | 성균관대 행정학과

024 중국의 정치동원
송영우 외 | 건국대 정치외교학과

025 산업적 활용을 위한 이동로보트 시스템의 개발
박민용 외 | 연세대 전자공학과

026 중국조선족의 정치사회화과정과 동화적 국민통합의 방향
전인영 외 | 이화여대 사회생활학과

027 공적부조의 이론과 실제
최일섭 외 | 서울대 사회복지학과

028 대외통상환경의 변화와 법제개편
서헌제 | 중앙대 법학과

029 기업금융의 국제화
최생림 | 한양대 경영학부

030 자동차부품공업의 노사관계
김호진 외 | 고려대 행정학과

031 산업화 과정에서의 한국가족의 실태와 전망
정창수 외 | 성균관대 사회학과

032 공무원 가치관 실태와 정립방안
배병룡 외 | 경상대 행정학과

033 해외귀국청소년의 국내적응연구
이장영 | 국민대 사회학과

034 초고속정보통신망에서 LAN서비스 제공방안
이재용 | 연세대 전자공학과

035 WTO체제의 정책적 대응
김병진 외 | 경희대 행정학과

036 유럽의 통합정치
최수경 외 | 충남대 정치외교학과

037 유기질폐기물을 이용한 고단백사료원인 조류의 생산공정
최정우 외 | 서강대 화학공학과

038 초고속정보통신망의 수용성과 정책방향
박영상 외 | 한양대 신문방송학과

039 중국의 강남사회와 한중교섭
조영록 외 | 동국대 사학과

084 여성 삶의 질 향상을 위한 사회교육 활성화 방안
김양희 | 중앙대 가족복지학과

085 벤처기업과 벤처금융
강대석 외 | 충남대 무역학과

086 구조조정기에 있어서 실업대책과 사회 안전망 구축
박천익 | 대구대 경제학과

087 한국 유아의 조기교육
이명조 외 | 한국외대 교육대학원

088 남북한 경제공동체 형성전략
이상만 | 중앙대 경제학과

089 지방자치회계의 투명성과 주민의 알 권리
권찬태 외 | 경북대 경영학부

090 정치지도자의 정책리더십
이해영 | 경일대 행정학과

091 경제위기와 한국인의 복지의식
신광영 외 | 중앙대 사회학과

092 북한의 노동
김강식 | 한국항공대 경영학과

093 우리나라 중소기업의 정보기술 활용 현황과 경쟁력 강화를 위한 제안
정승호 | 부산외대 정보시스템학과

094 인간배아복제의 법적 · 윤리적 문제점과 그 해결방안
최병규 | 한경대 법학부

095 가치변화에 따른 투표행태
조찬래 외 | 충남대 정치외교학과

096 인터넷 경매에서의 계약체결과 소비자 보호
이기수 외 | 고려대 법과대학

097 세계화시대 남북한 통합의 방향과 과제
윤민재 | 서울대 사회발전연구소

098 글로벌 시대 지방정부의 문화마케팅 전략
박흥식 | 중앙대 행정학과

099 대졸여성실업의 실태분석 및 대학-노동시장 간 효율적 연계방안
이은우 외 | 울산대 사회과학부

100 그린 투어리즘의 분석
이응진 | 대구대 관광학부

101 지방자치단체장의 부정부패
오일환 | 한양대 아태지역연구센터

102 산업화가 유교체제하 중국여성의 지위에 미친 영향
천성림 | 배재대 사회과학연구소

103 움직이는 말하기
유혜숙 외 | 나사렛대 교양학부

104 장애학생을 위한 특수교육공학의 활용
김용욱 | 대구대 중등특수교육과

105 지식기반사회의 평생교육 이해와 평생교육 프로그램 개발
박성열 | 건국대 교육공학과

106 N세대의 미술교육
김동철 | 대구교육대 미술교육학과

107 노후계획과 투자
권택호 | 여수대 국제통상학과

108 영화산업
양영철 | 경성대 연극영화학부

109 동유럽의 변혁과 언론의 역할
정대수 | 경남대 정치언론학부

110 환율, 임금, 물가가 국제경쟁력 및 수출입산업에 미치는 영향
하인봉 | 경북대 경제통상학부

111 일본기업의 기술혁신 전략
위정현 | 중앙대 상경학부

112 노후보장정책과 역저당연금제도
조덕호 외 | 대구대 행정학과

113 유비쿼터스 라이프와 미래 사회
김석수 | 한남대 멀티미디어공학과

114 죽음과 관련된 생명윤리적 문제들
구인회 | 가톨릭의과대 인문사회과학교실

115 경제적 세계화와 빈곤문제, 그리고 국가
김준현 | 한일장신대 인문사회과학부

116 한국의 세계불교유산
김종명 | 한국학중앙연구원 한국학대학원

117 복지레저서비스론
고태규 | 한림대 국제학부

118 자생적 철학체계로서 인간중심철학
선우현 | 청주교대 윤리교육과

119 전략적 통합과 한반도 평화체제
김승채 | 고려대 정책대학원

120 환경사법론
전경운 | 경희대 법학부

121 인터넷 자료를 통해 본 한국의 이혼문화와 사회복지
성정현 외 | 협성대 사회복지학과

122 유럽연합의 사회정책에 관한 연구
문진영 | 서강대 신학대학원 사회복지학과

123 여성건강의 통합적 관점
김혜원 | 관동대 간호학과

124 복잡계 네트워크 과학
강병남 | 서울대 물리천문학부

125 경제적인 3세대 전원주택 개발
박근준 | 호서대 건축공학과

126 사회복지와 인적자원개발
이상일 | 인제대 국제경상학부